名人家风丛书

敬慎谦和天地宽

——张英与张氏家风

名人家风丛书

敬慎谦和天地宽

——张英与张氏家风

杨阳 著

中原出版传媒集团
大地传媒

大象出版社
·郑州·

图书在版编目(CIP)数据

敬慎谦和天地宽：张英与张氏家风／杨阳著.—郑州：大象出版社，2016.1
(名人家风丛书)
ISBN 978-7-5347-8289-3

Ⅰ.①敬…　Ⅱ.①杨…　Ⅲ.①家庭道德—中国　②张英(1637~1708)—家族—史料　Ⅳ.①B823.1　②K820.9

中国版本图书馆CIP数据核字(2015)第019165号

名人家风丛书
敬慎谦和天地宽
——张英与张氏家风
杨　阳　著

出 版 人　王刘纯
总 策 划　郑强胜
责任编辑　孙　波
责任校对　毛　路
封面设计　王莉娟
版式设计　王　敏

出版发行　大象出版社(郑州市开元路16号　邮政编码450044)
发行科　0371-63863551　总编室　0371-65597936
网　　址　www.daxiang.cn
印　　刷　河南省瑞光印务股份有限公司
经　　销　各地新华书店经销
开　　本　890mm×1240mm　1/32
印　　张　6.75
字　　数　150千字
版　　次　2016年1月第1版　2016年1月第1次印刷
定　　价　28.00元
若发现印、装质量问题，影响阅读，请与承印厂联系调换。
印厂地址　郑州市二环支路35号
邮政编码　450012　　电话　0371-63956290

总　序

一个人有一个人的气质，一个国家有一个国家的性格。一个家庭在长期的延续过程中，也会形成自己独特的风气。这样一种看不见的风尚习惯、摸不着的精神风貌，以一种隐性的形态存在于特定家庭的日常生活之中，家庭成员的一举手、一投足，无不体现出这样一种习性。这就是家风。

“家风”一词，最早见于西晋著名文学家潘岳的诗中。与潘岳有“双璧”之称的夏侯湛，自恃文才超群，将《诗经》中有目无文的六篇“笙诗”补缀成篇。潘岳为与友人唱和，写作了《家风诗》。在这首诗中，作者通过歌颂祖德、称美自己的家族传统以自勉。

“家风”又称“门风”，这个词语在西晋出现并在随后流行，显然和“士族”“世族”“势族”“大族”“世家大族”成为社会上的统治力量有关。无论是以宗族为根基、以武力为特质的地方豪族，还是以官宦为标志、以文化为表征的名家大姓，他们政治上累世贵显，经济上广占土地，文化上世传家学，垄断了全社会的主要资源。除通过九品中正制和婚姻关系来维护门阀制度之外，他们还自矜门户、标树家风，用以抵御皇权和寒人的侵渔。正因为如此，两晋以后，这个词语渐次流行。从发轫之初，“家风”就往往和“门风”互用。我们可以将它理解为家庭的风气，将它看作一个家庭的传统、一个家庭的文化。

传统作为人类代代相传的行事方式，是从过去延传到现在的事物。没有经过较长时间的过滤和沉淀，就形成不了传统。在《论传统》的作者希尔斯看来，至少要持续三代人，才能成为传统。尽管世代本身的长短不一，但无论是信仰还是行动范式要成为传统，至少需要三代人的两次延传。家风作为特定家庭的传统，是该家庭长时期历史汰选、传统沉淀的结果，是一辈又一辈先人生活的结晶。在历史文献中，“家风”或与“世德”共举，或与“世业”并称，足见家风有别于时尚，而与“世”即很多年代、好几辈子紧密关联。在时间上持续的短暂性是时尚的特征，而家风则是历经延传并持久存在，或者在子孙后代身上一再出现的东西。正是在这个意义上，历史文献中提及“家风”一词，往往蕴含对传统的继承。如比比皆是的“不坠家风”“世守家风”“克绍家风”“世其家风”及“家风克嗣”等，无不体现了这一特点。

有一种观点认为，家风必须是健康的、积极向上的，否则，不能称之为家风。实际上，这只是说者的一种期许、一种渴盼，家风本身并不蕴含这样的意味。否则，“良好家风”就是毫无意义的同义反复。正如“文化”是使民族之间表现出差异性的东西，时时表现着一个民族的自我和特色一样，家风作为家庭的文化和传统，表现的也是一个家庭的气质和风习，反映出一个家庭与其他家庭的不同之处。它完全是一个中性的概念，并不必然具有正面的意义。有的家风可能是勤奋俭朴、为人忠厚、待人有礼，也有的家风可能是狡诈刻薄、游荡为非、跋扈凶横。如同一所学校、一个班级的风习我们称之为学风、班风，而学风有好坏之分，班风有高下之别，并不总是值得弘扬一样，家风同样也有不良的，并不都是传家宝。正因为如此，对家风或门风则就既有称誉，也有贬损。即便是在传统社会，被视为传家久、继世长的，也只有耕读、忠厚、清廉这样一些美好的品质。

的确，家风的特征在前现代、在乡村社会、在大家庭中表现得十分鲜明，格外生动，而在现代城市家庭中却不那么明显。但是，只要一个组织存在，就会有这个组织的文化，特别是这个组织如果有历史的厚重，有传统的积淀，就更是如此。作为家庭的文化，家风是附丽于家庭而存在的，只要有家庭，就会有家风。家风并不必然会因为农村的城市化、大家族被小家庭所取代而丧失，或者说，随着历史的演进，社会情势的变化，家风的具体内容肯定会有变化，但家风仍然会存在。我们可以这样认为，没有家风，本质上也是一种家风。在社会结构和家庭结构都发生了革命性变革的当今社会，人们感叹“家风”的荡然无存，其实是指家庭所秉持的“只耕田，只读书，自然富贵；不欠债，不健讼，何等安宁”这样一些古典原则的式微，是指“耕读两途，读可荣身耕可富；勤俭二字，勤能创业俭能盈”这样一些传统内容的沦落，是“志欲光前，惟是诗书教子；心存裕后，莫如勤俭传家”这样一些旧时理念的散淡，而不是家风本身的消逝。

此外，家风不同于家规。虽然这两个词都与家庭教育相关，但它们有着本质的差异。

家规是家庭或家族中的规矩，是家人所必须遵守的规范或法度，是父祖长辈为后代子孙所制定的立身处世、居家治生的原则和教条。它是借助尊长的权威，加之于子孙族众的又一重道德约束，有的甚至具有法律效力。它有家训、家诫、家仪、家教、家法、家约、家矩、家则、家政、家制等名义，有敬祖宗、睦宗族、教子孙、慎婚嫁、务本业、励勤奋、尚节俭等多方面的内容，是行于口头、针对性强的具体教诫，是见诸家书、目的明确的谆谆训诲，是载诸家谱、可供讽诵的文本规条。家规可以有多种分类，如：根据其表现形式，可以分为教诫活动的家规和文献形式的家规两种；根据内容，则可以分为针对一人一事、起因明确、内容具体、结果显豁的非规范性家规和针对整个人生、涉及方方面面的规范性家规。有的家规，着重家庭子弟的道德修养，教授为人处世要法；有的家规，集中居家治生，以至是祠堂、义庄、学塾等的管理规条。但无论如何，相对于家风，家规一个总的特点是有形的，是可视可见的。

一个家庭的家风有别于这个家庭世代相传的道德准则和处世方法，它是一个家庭的性格特征。虽然它一旦形成，也就成为教化的资源，对家族子弟具有熏染影响、沾溉浸濡的意义，但家风是一种不必刻意教诫或传授，仅仅通过耳濡目染就能获得的精神气质，具有“润物细无声”的作用。历史文献中的“渐渍家风”，就极为生动形象地诠释了这一过程。通俗地说，我们可以把家规看作教化家人的教科书，而家风则是经由长期教化后的结果。

马年春节期间，中央电视台的“家风”系列报道，引起了社会的热烈反响和高度认同。这一报道对于引导人们自觉省思，培植良好的家风，构建和谐的家庭关系，夯实家庭这一社会的堡垒，进而培养全社会的良风美俗，疗治现今社会的乱象，无疑具有积极的意义。正是基于这样一种用心，寻根杂志社主编郑强胜代表大象出版社，约请我主编这套“名人家风丛书”。

由于时间关系，第一辑的十本书都是我的学生编写的，他们有的已经博士毕业，有的还硕士在读，水平不一。尽管我们高度重视这一工作，多次在中心的例会上讨论编写事宜，但由于时间仓促，特别是水平所限，其中肯定会有这样或那样的问题。希望读者诚挚地帮助我们，不吝指教，以便我们把后面的工作做得更好。

北京师范大学国学经典教育研究中心 徐梓

2015年1月

目录

第一章

影响张英的前辈

清代的康乾盛世，有一对著名的“父子宰相”，就是安徽桐城的张英和张廷玉。自张英起，张氏家族就进入了“三世得谥”“六代翰林”的鼎盛时期。

在中国历史上，这不仅是一个罕见的现象，更是一个奇怪的现象。按清人梁章钜的观点，“富贵三代，自古流于庶民”，也就是“富贵不过三代”的意思。但是，在张英这一辈之前，张家就已有三代在朝为官了。那么，张英这位“官四代”是怎样炼成的呢？这要从明代的隆庆二年（1568年）说起。

隆庆是明穆宗朱载垕的年号。明穆宗在位仅六年，时间很短。因此，这段历史往往被人忽略。隆庆二年似乎也没有什么大事情。朝廷关注的是内阁首辅徐阶的致仕及“状元宰相”李春芳的继任；民间关注的是贸易政策带来的变化及阅读话本小说等方式的休闲娱乐。与历史上的大风大浪相比，这一年的岁月犹如月夜春江般平稳。但是对于桐城张氏而言，这一年却是一石激起千层浪，彻底热闹起来：在迁入桐城做了五代平民后，张家的六世祖张淳中进士了！

当然，张家人不会知道的是，隆庆元年（1567年）入阁的另一张姓名人张居正，也是这一年在内阁站稳了脚跟，并会给张淳带来巨大的影响。张家人更不会知道的是，同样在这一年，张淳将得到一个载入正史的绰号——“张一包”。

第一节 张淳传奇

张淳，字希古，号琴怀，是张英的曾祖父。面对庆贺自己中了进士的族人，张淳却有点高兴不起来。因为，他得到的官职是永康知县。

绰号“张一包”

浙江永康，在当时的官场比较有名。它最大的特色，不是“峰峦如画屏”的灵山，也不是“瀑声赛雷鸣”的仙湖，更不是秀丽优美的田园风光，而是“春秋铸剑、汉造弩机、唐铸铜铳、宋采铜矿、清制枪管”的工艺历史。在这种技艺传统文化下培养出来的民风，有着大家可想而知的彪悍。当时，这里的县太爷过得并不舒服，经常被老百姓告到省里。在张淳到任前，已经有七位知县被撵跑了。有人说，在这里做官的人，简直就是活脱脱的受气包。当然，“张一包”的绰号肯定和受气包没关系，毕竟《明史》可是张淳的玄孙、张英的儿子张廷玉撰写的。能把“张一包”记

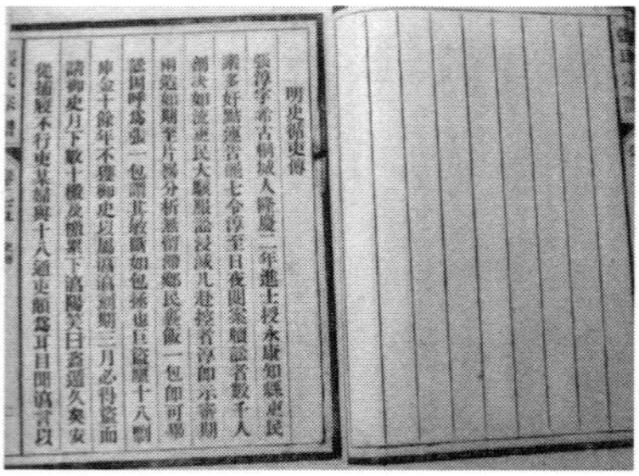

《明史·循吏传》中关于张淳的记载

入《明史》的《循吏传》里，证明张家人对这个绰号还是比较满意的。

那么，“张一包”的绰号是怎么来的呢？首先，从字面上看，肯定不是文人雅士给取的。其次，就当时注重“纠弊重勤”的官风而言，也不大可能是上司、同僚给取的。采用排除法，这个绰号极有可能是老百姓给取的。那么，素来“刁钻”的永康百姓，又为什么会给第八位县官取这样一个绰号呢？

原来，张淳在到任前就仔细研究了他的七位前任被撵走的原因，并制定了详细的对策。张淳在查阅卷宗时发现，那些被上告的官员都是因为断案不力、中饱私囊才引起了民愤。同时，很多官吏吃了被告吃原告，导致案件大量积压。老百姓来到衙门，过一次堂就要好几天，打一场官司就要好几年。再加上官员更替频繁，陈年积案就更多了。所谓“刁民”，其实是硬生生被逼出来的。找到了百姓不满的根源，张淳就不那么忐忑了。他认为，只要自己公平断案，就能让百姓信服。

于是，张淳赴任后，清理卷宗，公告全县，大开衙门，当场结案。十里八乡的乡亲们，在接到传令后，带着一包饭来到县衙，很快就能了结诉讼。断案公正、审理及时、结案迅速，能做到这个程度的好官，百姓怎能不满意呢？结果，张淳不仅没有被撵走，而且得到了乡亲们赠送的绰号“张一包”，意思是“带着一包饭就能打完一场官司”。也有人说，张县令聪敏智慧、清正廉洁，“张一包”就是“张大人是一位在世包公”的意思。总之，由于“张一包”明察秋毫，以前依靠挑唆发财的讼师们基本失业，永康的民风越来越淳厚了。

计擒卢十八

“张一包”张大人不仅结案快，破案也很快。在张淳到任永康十多年前，县衙发生了库金被盗案。嫌犯是有名的大盗卢十八。这位窃贼屡屡犯案，却每每逃脱衙门的追捕。他偷窃无痕的能耐好比《施公案》中的窦尔敦，逍遥法外的本领又堪比《二刻拍案惊奇》中的一枝梅。总之，让朝廷的捕快灰头土脸，似乎成了这位大盗的人生乐趣。

如果时光倒流，卢十八能就此打住自己的恶趣味，并及早金盆洗手的话，说不定他会像《剑侠传》中的白猿公、《水浒传》中的鼓上蚤一样成为百姓们茶余饭后的赞赏对象。但是，不幸的是，他遇到了“张一包”，就注定了即将迎来锒铛入狱的命运；更不幸的是，因为张大人被记入了《明史》，所以也注定了他的恶名会陪衬张淳的美名，在正史上留下浓墨重彩的一笔。当然，卢十八并没有神奇的第六感，所以，此时的他，正愉悦地大碗喝酒大块吃肉，优哉游哉地品评着衙役们的“庸庸碌碌”。

原来，张淳对库金被盗案的“不作为”，早已经传遍了整个永康县。话说张大人在就任前，优先考虑的是解决陈年宿弊，急百姓之所急。谁知，御史大人比群众还心急，连“一包饭”的工夫都等不得，眼看着张淳一到任，就立刻重提此案，还发来专函，限期三个月破案。张淳在接到函件后，快速阅过，定了定神，心下判断嫌犯在玩“无间道”，就带着公函走上了大堂。当着众人的面，张淳一面指着御史的批示，一面满口牢骚：

“大伙看看，这不是瞎指挥嘛！卢十八都逃了快20年了，让我们上哪儿找他呢？说不定，这家伙早就死了呢！”于是，在众人眼里，张淳每日按部就班地处理公事，根本不把这个案件放在心上。

实际上，张淳已经在暗地里布置，派人悄悄查访。他发现，卢十八之所以老逮不着，是因为县府里有他的内线。这位内线是个戴着绿帽吃软饭的衙差。因为他的妻子和卢十八有私情，所以，每当有追捕行动，这位衙役就通风报信，让嫌犯早早避开。这一次，他听到了张淳对御史的不满，就安安心心地继续当差。眼见着日子平静地溜过，突然，衙差在某天被“请”入了密室，他才恍然大悟，知道自己的行为早已败露。只听得张淳直截了当地说：“你只有立功赎罪一条路。如果三个月内能抓到卢某，你便无事；如若抓不到，你就是通盗死罪！”衙差吓得一激灵，立刻求饶道：“大人息怒，小的有一计，定能请那卢某入瓮。”

不久，衙差的夫人就因“欠债”被抓入大牢，衙差到处找人筹钱救妻，还特意把妻子坐牢的事情详细地告诉了卢十八。卢十八倒也有情有义，他不仅拿出钱来，而且亲自去牢里探望情人，还委托衙差置办了丰盛的酒菜，要和情人痛快一醉。正当喝得过瘾时，卢十八忽然觉得浑身发麻，随即倒在地上。原来，酒中早已被人做了手脚。于是，卢十八被就地羁押。他“自投罗网”的故事，很快成为了永康百姓最好的“下酒菜”。

本来限定三个月告破的案子，不到两个月就结案了。当见到被押送刑部的卢十八时，眼光老辣的御史对张淳大加赞赏：“这是位能吏啊！”

正如御史所评价的，张淳在辖区治理有功，于朝廷考核时得到了“吏治第一”的成绩。他很快就能赴京升官了。可出发前，张淳却停下了脚步，这让大家都愣住了。

临行拿盗贼

在明代，官员升职是非常不容易的。因为明代的考课制度与历代相比，时间间隔比较长。其规制是：内外官满三年为一考，六年再考，九年通考黜陟。也就是说，与前代相比，明代官员每一考的时间从一年延长到三年，每一任的时间由三四年延长到了九年。而明代官员的升迁原则是："凡升迁，必满考。"这就意味着，任职未满规定期限的官员，除非特殊需要，是不能得到迁擢的；同时，对于任职已满期限，但政绩卓著、深受当地百姓爱戴的地方官员，也不会轻易调离，采取的措施通常是提高其品秩而保留其职任。也就是说，除非特例，明代官员升秩，要九年时间；而考核优秀的官员，到了九年考满升秩的时候，却很可能因为他的优秀而得不到职务的升迁。所以，老百姓们本来攀着车辕，流着眼泪，来送可亲可敬的"张一包"，却看到张淳不走了，就有点糊涂了。

只见张淳拍了拍装好车的行囊，正了正衣冠，面朝扶老携幼的百姓，对衙役们下了最后一道命令："快到某地某家，把某某抓来归案。"此言一出，所有人又是一愣。幸亏张淳的属下反应快，他们虽然将信将疑，但素来佩服长官的神机妙算，就立即整队出发了。此时，百姓们都安静下来，默默地等待观看这最后一案的结果。

过了不到一顿饭的工夫，衙差们就把嫌犯带回来了。经过现场审问，那人果然是负案在逃的盗贼。大家都既惊且喜，赞叹道："张大人真是料事如神！"张淳这才淡定地摆摆手："哪里哪里，我不过是猜到盗贼的心理罢了。你们想，这人常年潜逃在外，哪有不想家的。如今听说我要走了，而新的县令还没到任，这正是回家探亲的好时机啊。只不过，他没想到，本官还在这儿等着他呢。”众人听了，都拍手叫好。

常言道，善有善报。临行耽搁的这一小会儿时间，让张淳得到了一份珍贵的礼物。

获赠“百岁丝”

且说“张一包”审毕盗贼，了了一桩心事，正要登车启程，忽见一位白发老者分开众人，匆匆赶了过来，张淳便第二次停下了脚步。

在我国古代，百姓的寿命一般都不长，按《增广贤文》的说法，是“山中也有千年树，世上难逢百岁人”。甚至有学者统计说，明朝人的平均寿命才30岁。在这种情况下，从帝王到平民，都很尊重年高长者，张淳自然也不例外。他看到这情形，就马上下车，静候老翁的到来。只见老人家攀住车辕，满怀期盼地说：“我家是远近闻名的长寿之家。我今年70多岁了，我的哥哥也已经90岁了。我们的母亲还健在，她有110多岁了。她敬爱大人，想见您一面。但是她行动不便，不知道大人可否移步到老农家中坐上一坐。”张淳一听，有这样的百岁长者，岂能不见？于是轻车简从，跟着老农去了乡下。

一行人还未进村，就远远地看见了几位老人。张淳赶紧下车，快步走了过去。只见一位银发老妪，颤颤巍巍地拿出一绺丝线，恭恭敬敬地说：“老妇人活了100多岁，还没见过您这样的好官。这是我亲手缫的丝线，您拿它缝补衣裳，就当给您添寿了。”张淳珍重万分地接过丝线，心里十分感动。

当然，我们认为，张淳是完全有资格得到“百岁丝”的。毕竟，像他这样兢兢业业、爱民如子，临行还想着抓强盗的官员，是十分稀少的。而他对本职工作的态度，直接影响了后世几代的张家人。桐城张家从张淳开始发迹，为官的子弟们几乎都有这样善始善终的从业态度。这种态度，用一个词作评，就是“始终敬慎”。这个评语不是笔者定的，而是张淳之后100多年的某位历史名流给张淳的曾孙张英的。但是，这个评价对张淳及其后代中为官做宰的人，都是非常恰切的。那位评人如此之准的历史名人，就是康熙皇帝。他可不是轻易下这种评论的人。能获这番评价，足见张氏族人的“敬慎”态度是多么受帝王的赏识。

当然，此刻的张淳还想不了这么长远，即将告别永康的他，心情是复杂的。我们的古人在出行前，往往会请算命先生择定时辰。这种吉时，被认为是耽误不得的。虽然，张淳做的是好事，他本人也未必相信这些命理玄学，但是，在当时的人们看来，三番两次地无法成行，却并不是一个好兆头。

退避张居正

话说张淳经过些许波折，终于到了京城。按考绩，他升任了礼部主事，之后又做了礼部郎中，然后，迎来了和张居正的宿命相遇。

我们在前文就已经知道，张淳中进士的时候，张居正恰好在内阁站稳了脚跟。这二位都姓张，幸运年份也都差不多，在某种程度上，这两个人是很有缘分的。但是，在职位级别上，他们二人其实可以完全无缘。隆

张居正

庆朝时，他俩的差距，就好似今天的中央组织部部长和安徽某县县长之间的差距那么大。等到了万历朝，虽然张淳升了官，但是在皇帝长期旷班怠工的情形下，张居正把持内阁，权倾朝野，两个人的权力差距是只大不小。这样的差距，直接反映在二人母亲的境遇上。当张淳的生母还籍籍无名时，张居正的母亲张赵氏却早已名动朝野。我们从张淳的玄孙张廷玉所记录的“过河”的故事，就能略见一斑。

话说万历六年（1578年），张居正因父亲去世而对母亲万分感念。万历皇帝得知后，特派司礼监太监魏朝迎张母入京。一路上“仪从煊赫，观者如堵”。为了伺候张老太太，沿途地方官员更是小心翼翼，诚惶诚恐，比对自己的亲娘还要慎重。单从过河一事就能看出，张赵氏的待遇堪比当朝太后。

原来，快要渡黄河时，老太太有点儿害怕，就悄悄对奴婢说：“水流那么大，过河恐怕很难吧？”这话刚一传出，便有人告知了地方政府。还有人安慰张赵氏说：“过河的日期没确定，等到那时再向您禀报吧。”结果，都快到北京了，老太太还没有得到消息，不禁心下怀疑，就问：“怎么还不过河呢？”侍奉的人赶忙告诉她：“您老上次问起后，没几天就过了黄河！”原来，有关部门早已把黄河两岸用舟船连接起来。不仅如此，还在上面填了土，在两边插了柳，使“舟行其间如陂塘，太夫人不知也”。也就是说，张赵氏的船，在地方官吏的“安保措施”下，就好像过了个小池塘，以至于老太太一点儿没察觉。能享如此天大之福，足见她的儿子张居正的权力之大！

在这样强悍的势力面前，正常的体制内的官僚们，首先想到的恐怕是依附与效忠。例如戚继光，不仅主动向张居正靠拢，而且多次奉送珠宝和美人。当然，这种投资的回报也是很丰厚的。戚继光得到了张居正的宠信和支持。为了戚继光统筹北部边关的全局，张居正创立了总理蓟州军务的官衔，还把其他持反对意见的官员都进行了调换。有了戚继光的例子，百官自然争相巴结张居正。

但是，对下亲近的张淳，对上却毫无媚色。

时间还是回溯到万历六年。这一年，张居正的父亲去世（《桐城耆旧传》第二十七载张淳与张居正的故事说：“江陵张公母丧，欲得公属辞致奠。”而沈德符《野获编·宗藩·亲王迎谒》则记载：“万历六年，故相江陵张公，以葬父归。”此处从沈德符记载修改，认为是“葬父”），需要有人撰写祭文。综观满朝文士，鸿笔丽藻能入张阁老眼的，数来数去就只有张淳了。这在后世的史学家眼里，并不是一件奇怪的事。因为，“笔参造化”大概是张家人的一个共同特征：张淳的儿子张士维写了《半亩园诗集》；张淳的孙子张秉文写了大理寺卿方大镇碑文，“文字尤为一时之俊”；张淳的孙媳方孟式著有《纫兰阁集》八卷、《纫兰阁诗》十四卷；张淳的曾孙张英担任了《国史》《一统志》《渊鉴类函》等著作的总裁官；张淳的玄孙张廷玉修纂了《明史》《清会典》《治河方略》《三朝实录》等皇皇巨著。由基因逆推，可知张淳妙笔生花、云霞满纸的能耐。

于是，张居正特意写信给张淳：“你的文笔好，为我家长辈写篇祭文吧。回头就给你越级升职。”谁知，百官眼里求之不得的天降馅饼，张淳却拒之如砒霜。他立刻回复张居正说："谢谢您青眼！但是这祭文我写不了，因为我病了，正要乞休呢。"当然，张淳的"病"只是托词。他要有病，也是"心病"。他一直看不惯张居正拉帮结派、党同伐异的作风。张淳认为，我是为百姓做官、为皇帝做官、为朝廷做官，可不是为你张居正一人做官。于是，他不屑加入"张党"的队伍，托词养病，辞官返乡。这一辞，就是八年。

也许有人会不理解，认为不过是一篇祭文而已，推掉就推掉，何必辞官呢？说这话的人，可能对张居正的权势之大还是没有深刻的体会。如果目睹张居正坐轿子，就不会有这样的疑问了。

同样是万历六年，同样是返乡，同样乘坐官员常用的交通工具"轿子"，张淳可能用二人抬的"肩舆"，或者坐四人抬的"软轿"，而通常所说的"八抬大轿"，他是万万不敢想的。这从《明史·舆服志一》的记载，就能看出缘由来："弘治七年令，文武官例应乘轿者，以四人舁之。……违例乘轿及擅用八人者，奏闻。"也就是说，官员用的轿夫超过四人，就有被上告的危险。但是，张居正的座驾用什么呢？他用32人抬的大轿子，堪称轿子中的"巨无霸"。不仅如此，他还有戚继光派来的一队"鸟铳手"做护卫。鸟铳可是当时最新式、最时髦的武器，戚继光的整个车步营，也不过配备了1080支。能分拨一队人马的鸟铳，足见张阁老出行的配置有多么"超标"！再加上"超标"的护卫、"超标"的轿子，张居正"超标"的权力是可想而知的。

在这种情形下，张淳拒绝为张居正的家人写祭文，表面上是推掉了一个邀约，实际上传达的是自我立场的选择。张淳不跟张居正站在一个队伍里，是要冒很大风险的。我们知道，中国历代的官场最不缺的就是“抬轿子”的人。得罪了张居正，不用他亲自动手，那些属于张党的“轿夫”，就能让张淳享用“超标”的“待遇”。于是，面对强敌，能“退一步海阔天空”，实际上是非常智慧的做法。

此后没过几年，飞扬跋扈的张居正因病去世，曾被追捧的张家人遭到清算，结局极其惨不忍睹。这些世事，就更显得张淳“退让”的做法有多么聪明。

总之，张淳这种“谦退”的作风，直接影响到了后世的张家人。而张居正的故事，也至少影响到了张淳的六世孙。这是后话，暂且不表，只说张淳没了政敌，重新做官，本应是一件大喜事，但是，他的心情依旧复杂。

心从午朝凉

万历十年（1582年），张居正去世。此后一年，皇帝褫夺了张居正三个儿子的官职；此后二年，张居正家再次被抄没家财；此后三年，张居正“诬蔑亲藩，侵夺王坟府第”等总结性罪状被公布。这期间，朝廷简直乱成了一锅粥。

张党官员们有的被贬抑，有的被驱逐，有的还在为张居正鸣冤叫屈，有的忙着为张居正立碑作传、刊刻遗集。令人惊讶的是，在人亡政息后，为张居正辩解的人，不仅仅有他的支持者，还有被他打击和与他结怨的反对者，而且还不是一两个人，是一批人。例如因多次冲突，被张居正连降三级的骆问礼，复职后却赋诗《哭张江陵》，以示对张居正的缅怀；因得罪张居正而隐退的工部右侍郎陆光祖，复职后得到更好的职位吏部侍郎，却因维护张居正而被降职；更出人意料的是都御史邹元标，他曾因政见不合而被张居正处以八十廷杖，并因此致残，但他却称赞张居正："功在社稷，过在身家。"总之，张居正身故之后，不只有支持者的辩诬，更拥有反对派的追思。无数人为此而掩卷沉吟：是耶？非耶？功耶？罪耶？这种不可思议的情形，在中国历史上可谓绝无仅有。

所以，在这种情况下出山的张淳，内心自然复杂。然而，更让他感到心情复杂的，却是此后万历皇帝主政的几年。这段"世间已无张居正"的岁月，让张淳百感交集。

在离开张居正的日子里，张淳清晰地看到：大明帝国前进的脚步渐渐变得蹒跚，甚至几度失去重心，走得跌跌撞撞。而此时的万历皇帝，却更令世人震惊，做出了空前绝后的举动——他以天子的身份，开始了长期的消极怠工。于是，在这令人啼笑皆非的情况下，任何有皇帝出席的场合，都会引起百官的重视甚至轰动。

那是张居正去世后的第五年。这一年，戚继光死了。这一年，海瑞也死了。这一年，开春就透着浓浓的寒意，北京城的冰雪迟迟未能解冻。

在农历一月二十四日这一天，初春的寒风虽然不算凛冽，但尚未发芽的枝条，却依然瑟瑟发抖。这并不是一个适合出行的日子。然而，正午时分，大街上却突然变得熙熙攘攘起来。高级官员们一边在轿子里整理冠带，一边催促着轿夫加快脚步。低级官员们则更是步履匆匆、拭汗频频，连衣冠都顾不上整理。因为从六部衙门到紫禁城，他们至少要赶超过一里半的路程。这其中，尤以通政司的官员们最为心神不定。他们个个气喘吁吁、满头大汗，思索着自己经手的内外章疏及各类奏封。

原来，大家都听到一个消息，万历皇帝要举行午朝大典了。按规定，通政司的官员们一般会在午朝“引奏臣民之言事者”，所以通政使显得尤为紧张。与此同时，皇帝还会对大臣们上奏的各项事宜“面决可否，即施行之”。所以，这午朝可是马虎不得的。因此，百官们个个神情肃穆、形色匆忙。而驻守在大明门前的禁卫军，虽然事先没有接到命令，但是看到如此多的盛装官员，也就确信要有午朝大典，就没有过多询问。

但是，越接近皇城，文武官员们就越发疑惑。只见端门和午门之前安安静静，城楼上下也丝毫没有朝会的迹象。更令人不解的是，站队点名的御史和御前侍卫们都没有到场。这下子，所有人都有点傻眼了。大家开始窃窃私语：是不是出大事了？午朝的消息难道传错了？空穴来风，未必无因，还是等着吧。

不久，近侍宦官就来到现场，宣布了皇帝没有召集午朝的消息，惊魂稍定的百官们才开始慢慢地相继退去。天气虽然不算酷寒，但众人的心中恐怕是一点温度也没了。

张淳毕竟是做过京官的人。此时的他，虽然身在建宁做知府，但仍心系朝廷。当接到相关事件的邸报时，他内心是如何的思绪万千，我们今天已经无法得知，但我们可以知道的是，在接下来的日子里，他的内心依旧不能平静。

数以千计的官员遭到欺骗，这样严重的事件是皇帝无法坐视不理的。要不然，朝廷体面何在！所以，一道圣旨很快地由执掌文书的太监传送到了内阁。旨意是这样的：今天午间发生的事情，实际上与礼部和鸿胪寺相关。这两个部门明知午朝大典已经多年没有举行，因此，绝对不可能在仪注没有齐备时，就仓猝召唤百官。当其他部门以讹传讹时，礼部和鸿胪寺应该立即阻止。既未阻止，就是玩忽职守。因此，这两个部门的尚书、寺卿以下的官员，全部罚俸两个月，并且仍要查明是什么人首先造谣。

我们在前文就已经知道，张淳是做过礼部主事和礼部郎中的人，他对礼部还是比较有好感的。虽然按照传统观念，皇帝的旨意是绝对公允的，皇命是绝对不能违背的，但是，从感情上出发，包括张淳在内的整个文官集团，对万历皇帝却并不十分满意。而接下来发生的事情，就更令他们心凉了。

遵照圣旨，礼部对这次的事件进行了调查。结果是没有结果。所以，礼部只能回奏说：当时众口相传，无法查出首先传讹的人。万历皇帝对这个回复相当不满意。于是，他的怒火波及的范围再一次扩大。他发布命令，把罚俸的范围由礼部成员扩大到所有在京任职的官员。这简直是前所未有的重大事件，百官几乎全部惊愕失色。

张淳自然也被震惊了。他在京为官多年，深知本朝官俸微薄的状况。例如礼部尚书的官阶是正二品，全年的俸银却只有152两。也许有人会觉得很多，但如果了解当时北京的物价，就会开始为明代公务员发愁了。按照《万历会计录》的记载，粳米大概每石折银1两，糯米每石折银1.1两；按照《宛署杂记》的记载，白米每石是0.8两银，五谷每石0.6两银；按照《明会典》卷二百一十七《光禄寺》的记载，细粟米每石折银1两，猪一口是5两银；按照《工部厂库须知》的记载，香油每斤大约是0.028两银，小麦每石是0.7两银。这还只是食物，考虑到住宿、出行、衣料、日用杂物及家眷和仆役的费用，二品官员的管家们几乎可以去做注册会计师了。当然，高官们时常会有地方官员赠送的礼金或礼品，日子还是比较好过的。但是，对于多数低阶官员来说，皇帝的惩罚会让他们感到拮据，甚至无法支付必要的生活开支了。这就意味着，有相当一部分执政群体将处于“饥馑”状态。

民饥则乱，那么“官饥”又将如何呢？此时，转入楚地任职的张淳，抚着渐冷的胸怀，忧虑重重。他非常焦虑，因为当皇帝与大臣的关系日趋紧张时，张淳也面临着官员与百姓关系紧张的局面。

二次乞病休

张淳为什么会对“饥馑事件”感触颇深呢？这和他做湖广荆岳兵备副使（马其昶《桐城耆旧传》第二十七载：“在告八年，起建宁知府。……进湖广荆岳兵备副使。”《明史》卷二百八十一载：“起建宁知府，进浙江副使。”此处从《桐城耆旧传》记载）的经历有关。

这是张淳复出后的第二份工作。刚一上任，张副使就碰到盗贼频出的局面。有人为张淳欢欣鼓舞：“捕盗”可是张大人的拿手好戏，这下子，张大人的政绩考核说不准要独占鳌头了。也有人对贼寇幸灾乐祸：这帮人可撞虎口里了，敢拿“张一包”当病猫，也不算算大盗卢十八的坟头草黄了多少年了。还有很多人为张副使忧心忡忡：现在可是“楚大祲”的局势啊！祲，是古人眼里可怕的不祥之气。“楚大祲”就是说湖广现在邪云笼罩、妖气弥漫。这怎能不让人为新任的兵备副使捏把汗呢？

出人意表的是，张淳不喜不怒、不忧不惧，从容自守，务本求实。他很快就抓住了群众对官绅不满的缘由——“民饥”。于是，在众位同僚腹热肠荒、不知所措之际，张淳冷静地派人出访，请来了当地的富翁和士绅。当着各位富人的面，张淳诚恳地说：“如今偷盗案件频发，贼寇往来频繁，根源是乡亲们吃不饱啊！”看着众位富豪若有所思的样子，张淳没有滔滔不绝、口若悬河，而是摸着心口、实心实意地说：“如果再不赈济百姓，恐怕偷盗不易断绝啊！”说罢，张淳带头捐出了自己的俸银。在他的倡导下，到场的有钱人和官员们纷纷拿出善款、捐赠粮食，响应官府的号召。

不仅如此，张淳还对症下药，批下“公费千金”，为老百姓偿还了一些债务。明代版的“湖广群体性事件”就此落下帷幕。

俗语说：福无双至，祸不单行。刚解决外部矛盾，内部矛盾又相继爆发。张淳的同僚们是按下葫芦浮起瓢，忙得不可开交。原来，浙江招募了一批兵勇，这些军士现在人心惶惶，正在跟上级闹情绪呢。

在极可能哗变的巨大压力下，张淳是谨慎小心，详加调研。他没有采取粗暴的镇压手段，而是先对这些人进行了分析，然后对事件的起因做了调查。很快，张淳就对事情的来龙去脉做到了心中有数。原来，出于成本和管理的因素，巡抚和巡按曾经商议遣散这批“临时工”。谁知，消息走漏，这批兵士就喧闹起来。结果，主管官吏反而是骑虎难下、左右为难。如果不裁员，财政必定吃紧；如果裁员，当下就可能爆发“群体性事件”，说不定还是“暴恐事件”。张淳对此胸有成竹，只是引而不发。不久，等到大家的情绪都有所缓和的时候，张淳说出了自己的想法：“这些兵勇都是非常骄横、彪悍的人。留下便有用，汰除却不可预测。不如裁掉老弱病残，而保留那些强壮勇武的兵士。那么，留下的人就不会想着骚乱，而剔除的人也没有能力作乱了。”这话虽然平淡，却包含了为政处事的智慧。大家都心下佩服，马上执行张淳的计策，事态很快就平定了下来。

在张淳很好地平衡了官民关系的同时，万历皇帝却不能让自己和大臣们的关系得到缓和。不仅仅是前文所讲的“罚俸事件”，他还经常把官员的奏章扣在宫内，不加批示，导致很多官员辞职。特别是在“争国本”的事情上，君臣关系更是岌岌可危，甚至到了一触即发的地步。

万历皇帝宠爱郑贵妃，喜欢郑贵妃生的皇三子，想立这个儿子为太子，却受到了皇太后和群臣的极力反对。他为此极度不满，对请立太子的大臣，要么扔掉其奏折，要么“降极边杂职”。“立太子”的事情就这样一年一年地拖延下去，君臣关系也这样一载一载地对立起来。可怜的皇子们，受教育的时间也一岁一岁地被延迟了。

皇长子直到九岁，还没有出阁读书，让时任内阁首辅的申时行再也坐不住了。这位老臣选在正月初一跟皇帝商榷了相关事宜。君臣二人从立太子的问题，讨论到皇子的教育问题，你来我往，唇枪舌剑，各打机锋，互不相让。到最后，万历皇帝恼了：“你说的，我都知道。先生还是回去吧。”申阁老无奈，只得行礼告退，步履沉重地往宫外走。正当他即将离开宫门时，忽听得身后传来脚步声。申首辅转身立定，只听得内侍带来了皇帝的口谕：“皇长子来了，你见一见吧。”

十几年以后，当申时行撰写回忆录时，依然清楚地记得当时的情景。他对万历皇帝的意图和言行，或许一辈子也没有想明白。但是他知道，在经历了坦言、沟通、争辩、恼怒后，皇帝终于表态了：“事实上，郑贵妃也劝过我，为免去外人猜疑，太子需要早立。你们知道，我没有嫡子，册立长子是迟早的事。”言语至此，申首辅终于轻松了下来。他见好就收，沉默地退出了大殿。

事实证明，申阁老放松得太早了。从月初到月末，他天天盼着皇长子出阁读书的消息。结果，时间一天天过去了，希望一点点被消耗殆尽。到了月底，申首辅忍不住了，向万历皇帝上疏。但是等了几天，皇帝半点反应也没有。于是，过了不几天，内阁大学士王锡爵再次上书谈皇子读书的问题，但万历皇帝那里依旧一点儿消息也没有。到了四月，群臣忍无可忍，内阁四名大学士联名上疏，请立太子。谁知，皇帝依旧故技重施，任你八面来风，我自岿然不动。这下子，内阁被点炸了。

身为臣子，自然不会跟天子发脾气。所以，内阁四位宰辅申时行、王锡爵、许国、王家屏同时递交了辞职报告。他们自然不会说“我辞职是因为皇帝您的不英明，不肯立太子”云云，而是身体不好、杂事繁忙等明眼人一看就是托词的话。本来群臣就对皇帝有所不满，这四位一带头下岗，很多原本就想辞职的官员，也开始忙着把想法变成实际行动。张淳自然也不例外。他本就是勤于职守的人，自然对不勤于职守的皇帝不是很满意。于是，他再次因病乞休。

请辞风波发展到这个程度上，皇帝再不急，可就要出大事了。因为，自从万历皇帝当了甩手掌柜以来，国家事务基本就靠内阁了。那么，内阁有多少人呢？不多不少，刚好是写了辞呈的这四位。于是，皇帝现身了。经过好说歹说，内阁的几位终于保留了王家屏一个阁老。

此时的张淳，和其他三位阁老的情况一样，总算顺利地离职了。但是，他的职业生涯仍未结束。

辞官何其难

在返回家乡大概两年后，张淳再次被起用。他先在严杭地区做官，接着担任了陕西临巩地区的参政，很快就到了知天命之年。张淳便第三次想离职，而且是想彻彻底底地退休。虽然他很清楚，这些年来，辞职难度是越来越大了，甚至破了历史纪录。

这位连破纪录、写了上百封辞呈的人，就是当时新任的内阁大学士，人送外号“庙祝阁老”的李廷机。堂堂朝廷要员，怎么会被人称为“庙祝阁老”呢？根子还在万历皇帝身上。我们知道，这位帝王最大的爱好就是“翘班”，成年累月不工作是他的鲜明特色。由于他懒得批奏章，导致卷宗大量积压，官员们因为不堪忍受强大的工作量而辞职，以至于让刚入阁的李大学士吓了一跳。正常情况下，本应有31人的中央各部官员，空缺竟有24人！这还不算下面跑腿的办事员们。更不可思议的是，李阁老仔细一清点，发现中央部门中只有户部和通政司有长官，刑部和工部暂由其他部门兼职管理，吏部、兵部和礼部全是只有公章没有人，而都察院和大理寺的情况更糟糕，没人上班也就罢了，居然连公章都丢了。

这种情况下，但凡智商不低于平均线的人都知道内阁宰辅不好当，既累又苦还得挨骂，于是李阁老罢工了。他开始写辞职信，但是他离职的经历就跟他考进士的经历一样曲折难料。当年，本应是状元的他，因为宰相的干预，而变成了榜眼；如今，本应三五天就搞定的离职，因为皇帝的懒惰，却硬生生拖了三五年。

一开始，李大学士认为，即便皇帝再消极怠工，他写个三五份辞呈也就够了。于是，为了让大家看到他离岗的决心，他把房子捐给了穷人，还让亲眷带着行李回了老家。他自己呢，则一个人跑到庙里，勉强住了下来。谁知，李阁老估计错误，万历皇帝对他的几份辞呈是丁点儿反应也没有。不过这也正常，话说当年，内阁四大学士联手的辞职才引起了皇帝的些许重视。李宰辅不过孤身一人，自然关注度低一些。于是，李廷机再接再厉，继续递交辞职报告。哪知，这些辞职信又是泥牛入海，悄无声息。李阁老彻底怒了，他跟皇帝较上劲了，开始一封接一封地上交辞呈。终于，李大学士光荣地破纪录了，他成为历史上递交辞职信最多的宰辅。此时，距离他搬进破庙的那天，已经过去了整整五年，日子久得甚至让他得到了“庙祝阁老”的外号。而在那逝去的1826天里，他写的123封辞呈没有一封得到万历皇帝的回复。真是路漫漫其修远兮，哀“辞官”之多艰。此刻，所有知道李阁老经历的人，都沉默了，心内不禁感慨：在大明为官，入职难，履职更难，辞职是难上加难！

事已至此，李廷机大学士也无语了。他已经被皇帝整崩溃了。在没有帝王批条的情况下，李阁老来了个自我解雇，冒着抗旨的危险，自作主张地离京返乡去了。幸运的是，万历皇帝怠职怠习惯了，懒得追究，也就任李廷机去了。

以临巩地区参政的地位，张淳还不到被皇帝关注的程度，也就没有被帝王整崩溃。他还是按照正常的辞官路数，老老实实地走程序。考虑到李阁老活生生的例子，张淳“辞疾甚力”。也就是说，他极力地描摹自己

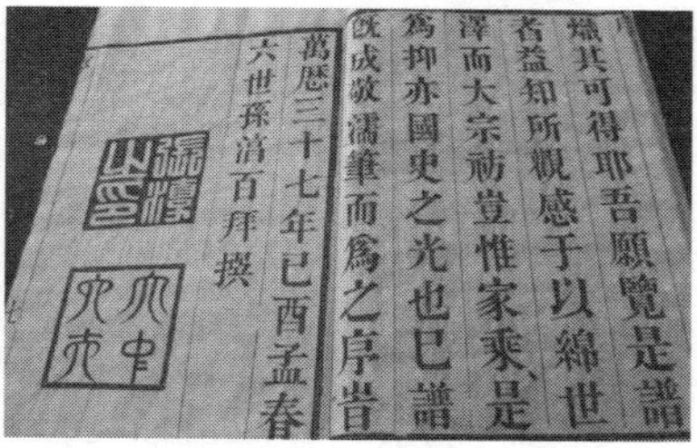

六世张淳1609年为《张氏宗谱》作的序

的病状，还强烈地传达离岗的意愿。说来说去，就是一句话：“除了下岗，我什么也不干。”幸运之神再一次降临，张淳的第三次辞官终于得到了批准。他愉快地返回故乡，开始了平静安宁而又丰富多彩的生活。但是，没过多久，负责地方“垂事养民”的巡抚就上疏朝廷，举荐张淳，希望他再一次复出。

不仅是巡抚，主管纠察的巡按也开始推荐张淳了。在官员奇缺的年代里，谁让“张一包”那么能干呢！但是，张淳的心早就被官事和皇帝给晾凉了，他坚定地拒绝起复。直到去世，他再也没有出来做官。这是后事不提，只说张淳返乡不久，就遇到了一件离奇的事。

归乡驱妖蛊

话说张淳怀瑾握瑜、不欺暗室，即使是辞了官，为人处世依旧像居官时一样，被人赞为“廉隅截然”，也就是品行端方、正气凛然的意思。于是，乡里乡亲们碰到邪祟之事，都愿意借他的浩然之气来压一压。这样的处理措施，不是百姓们发现的，而是“妖怪”最先说出来的。

相传有一天，一位同乡妇女被民间迷信的所谓妖蛊附了体，这让村妇的家人焦急万分。在当时，妖蛊害人的传说是数不胜数，妖蛊为祸的记录更是车载斗量。

我国关于妖蛊的记载，最早见于《晋书》。晋代的风水大家郭璞曾经上书给皇帝："若以谷为妖蛊诈妄者，则当投畀裔土，不宜令亵近紫闱。"也就是说，对于妖蛊这种不吉利的事情，最好请专业人士处理，贵人们还是远离的好。事实上，蛊术在春秋时期就已经存在了。郑伯就曾用蛊咒来惩治射杀颍考叔的凶手。后来，秦惠王用《诅楚文》告神来诅咒楚怀王。到了汉代，蛊术更加盛行，甚至发生了因巫蛊而牵连数万人死亡的大案。于是，汉代的法律明文规定了对蛊术的处置："敢蛊人及教令者弃市。"唐代也同样立法禁止巫蛊，之后的各个朝代也都把施蛊列为十恶不赦的大罪，对相关责任人施以残酷的刑罚。这些条令正反映了妖蛊害人不浅的可怕。

受蛊术之累的，不仅有太子、将军等高官贵族，还有贩夫走卒等平民百姓；谈蛊色变的，不只有公元前721年的郑国人，还有公元1971年的贵州人。可想而知，万历年间的村民碰到妖蛊该会多么恐慌。

但是，无论妖蛊多么厉害，都无法战胜人们对亲情的珍惜。中蛊妇女的家人，为了治蛊是遍寻良方。事实上，我国早在隋代，就已有相关对策问世。《诸病源候论》《千金方》《本草纲目》等医书中均有对中蛊症状的详细记录及细致的医治良方，甚至是帝王，也对治蛊非常关心。宋仁宗就曾在庆历八年（1048年）颁行了介绍治蛊方法的书《庆历善治方》。可以说，到了张淳生活的年代，人们已经积累了很多驱蛊治蛊的经验。遗憾的是，这位农妇的家人用遍了药方，也没有丝毫作用。无奈之下，他们遍请法师，结果还是不管用。正当众人快要绝望之时，妖蛊不知道是得意忘形还是智商下降，借着村妇的口说："那些法师都是小菜一碟。我呀，除了正直的张参政，是谁都不怕！"

身边人听了这话，是绝处逢生、惊喜万分。那位农妇的丈夫便立刻去求见“张一包”。张淳并不迷信，他既觉得中蛊之人可怜，又觉得妖蛊之说可笑：“我是一介凡人，怎么能处理这种事呢？”但是，看着村民苦苦哀求，张淳于心不忍，就取来纸笔，随便写了一些斩妖除魔的话语，递给了那家人。说来也怪，农妇身上的妖蛊，在烧了这张咒语后，就彻底消失了！

我们今天看来，那女子得的大概是一种心理疾病。她相信张淳能驱蛊，张淳就能驱蛊。这也从侧面表明了张淳的气场有多么强大。他的这种气质，让300年后的同乡还为之赞叹。

这位同乡就是清末民初的著名学者马其昶，他写了一本书叫《桐城耆旧传》。书中对张淳及其后人大加赞赏。他曾特意瞻仰了张淳的画像，然后做了这样的描述：“目注视，炯然摄人，在左若视左，在右若视右。”也就是说，遗像中的张淳依然气势逼人。观看者无论处于什么样的角度，都能感觉得到画中人的注目。画像尚且如此，可以想象，活着的“张一包”又该是怎样的姿容慑人。

善必寿考，张淳一直活到73岁，比他的儿子活的时间还长。常言说，虎父无犬子。张淳传奇一生，“号称神明”，他的儿子们又会有怎样的际遇呢？

第二节　“官二代”的平稳过渡

张淳一共有四个儿子，分别是张士维、张士缙、张士绣和张士絅。一般人认为，老子英雄儿好汉。谁知，张淳的儿子们，在正史上连个名字也没留下，几乎都很平凡。

有人可能会有疑问：“张士维”那么强悍，怎么会说他不出名呢?

“士维”非“四维”

这样发问的人，一般有两种情况：一是出自江南，受当地方言影响，有时候平舌音和翘舌音不大分得清，常听得“shì”，就以为是“sì”；二是张四维太有名气了，而张士维相对又太没名气了，很多人不知道后者的存在，就误听成了前者。

其实，张四维和张士维，都姓张，名字差不多，生活的时代也差不多，的确容易被弄混，我们有必要把二者做个区分。

籍贯：张士维出自南方安徽桐城，张四维出自北方山西蒲州。二人差异极大。

出身：张士维的父亲是参政，张四维的父亲是盐商。虽然貌似“官二代”比“富二代”更容易出头，但是张四维出身豪贾，舅舅是兵部尚书兼陕西总督，教导了张四维不少的边防事务。这样一比，张四维以微弱优势获胜。

张四维

智力：这个不大好评判，二人肯定都是聪明人。不过还是有些硬指标可以比较。张士维在14岁时补了县学生，很厉害。但是，张四维15岁就中了秀才，还名列优等，人称“生而颖异”。这么看来，天才的张四维绝对优胜。

职业：这个几乎没有什么可比性。张四维可是继任张居正的内阁首辅，一人之下，万人之上，累官加至少师、吏部尚书、中极殿大学士。要把他的职场生涯全写出来，本书的主角张英都没必要出场了。

影响：这个就更不具备可比性了。张士维不过在地方志和一些笔记中有几行文字的记载，而且提到他时，讲他儿子、孙子、曾孙的字数比他本人更多。张四维可是在正史上留下大段大段记录的。后人凡涉及他的研究，更是左图右史、卷帙浩繁、汗牛充栋、书盈四壁。

总之一句话，张士维在张四维面前，真没什么值得夸耀的，实在是太平常了。即便是跟同时期的同僚相比，他的履历也是十分普通的，甚至没有保留关于政绩的记录，反倒是他的闲情逸致在《续修桐城县志》上留了几笔。他很有闲暇，在獭桥湖畔修筑了半亩园；他极有闲泰，在墙壁上自绘了《龙眠山庄图》；他也有闲逸，在案牍之余写作了《半亩园诗集》。整体而言，他就像当时一些崇尚自然的士大夫一样，过着平平常常、普普通通的生活。

但是，跳出文字记述，我们不禁疑问：张士维有着闻名遐迩的父亲，有着名标青史的儿子，有着名高天下的孙子，有着名垂后世的曾孙……他，真的是短短几句话记录的那么平常吗？

“平常”不“平庸”

张士维，字立甫，号恂所，是桐城张家的七世祖，张淳的儿子，张英的祖父。他最大的特点就是平常。平常却不代表着平庸，透过古人记载的字里行间，立足更长的历史时段来分析，张士维的为人处世，隐隐透出几分不平常来。

第一是孝顺。孔老夫子教导弟子说：“父在，观其志；父没，观其行；三年无改于父之道，可谓孝矣。”也就是说，当某人父亲活着时，要观察他的志向；父亲死了，要观察他的行为；若是他对他父亲的合理要求长期地不加改变，可以说做到孝了。与张四维相比，张士维自然没什么成就。但是，他做官也做到了中宪大夫、抚州知府，不算辱没了其父之名。对于父亲的要求，张士维更是严格遵守。

张淳曾经写信告诫张士维：“盛极衰至，福过灾生。”并要求儿子们“居家敦朴”。张士维就老老实实地听话，踏踏实实地养德，扎扎实实地养福。他常常考虑的是利民济人，而且越在别人看不到的地方，他越爱做有利于他人的事。渐渐地，他成为乡民眼中最有德行的长者，受到了同乡的拥戴和礼遇。张士维能做到这一步，可见他对张淳的家训实践得有多彻底，完全符合孔老夫子对于“孝”的要求。

第二是守成。古人曾用玉如意来打比方，表明“中兴之主，最是难为”。具体做法是：取一柄如意，伸出一根手指，先抬如意头，再抬如意尾，都能很容易地抬起，但是，用一根手指抬起如意的柄身，就比较费力了。这时候，可以伸出五指，稳稳地握住如意的中间部位，用五指之力放到想要劝谏的人的面前。这传达的意思是说，一个王朝、一个组织或一个家族，开创者或覆亡者，都相对容易做，最辛苦的是中间的振兴之人。说白了，就是“守业更比创业难”的意思。但凡处于“如意柄身”位置的人，比如“官二代”、“富二代”、继承人、接班人，倘若不能守业，这个家的传承基本就算断了。

我们可以想象一下，如果没有武则天，开元盛世能顺利接盘贞观之治吗？如果没有雍正皇帝，康乾盛世能持续115年吗？如果没有张士维，桐城张家能成就“父子宰相”的辉煌吗？承前启后的工作可不是任何人都做得了的，而且，这种处于中间位置的守业之人，不仅劳心劳力，往往还要承受更多的委屈。比如武则天，在历史上就没有唐太宗和唐玄宗招人待见；雍正皇帝也不如康熙皇帝和乾隆皇帝那么出名；张士维在老子和儿子的盛名之下，更显得默默无闻。但是，我们细细思量，张士维的这种“平常心”，反而更适合一个大家族的兴起和传承。试想一下，倘或张士维像张四维一样能干，像张居正一样厉害，那历史上还有张英什么事吗？要知道，张四维的后人表现平平，而张居正的后人过得凄惨，都不如张士维的后代们。这么一比较，张士维的“不折腾”，倒颇有几分“无为而无不为”的高明了。看来，张淳的长子、桐城张家此时的掌门人，在“守业”方面，不像孔门的弟子，倒像老庄的门徒了。能持“无名之朴”，张士维的“守成”自然是成功的。

第三是教子。“养不教，父之过。”在教育子孙方面，张士维不仅无过，而且有功，对张氏一族来说，是不世之功。他的长子张秉文做到了山东布政使；次子张秉彝也是奇人一个，还培养出了张英这位宰相级人物。可见，张士维训导子弟的功力之高。

总之，在张氏家族的传承历史上，张士维是一位继往开来的重要人物，他的作用不可小视。其实，对于一个大家族来说，培养一位人才不难，培养一位“桥梁式”的继承人也不难，难的是教导出一位拿捏有度的承上启下的接班人。这一点，张士维的父亲做得非常好。

可是，我们知道，“张一包”张大人对工作是兢兢业业、鞠躬尽瘁。虽然称不上日理万机，但也是宵衣旰食、夜以继日。他要如何来教导自己的孩子呢？

家书抵万金

张淳教子，不是“三天打鱼，两天晒网”式的突击检查，而是长期观察、仔细分析后的提点。这从他写给张士维的家书中就能看得出来。

张淳的书信，开头是这样写的：“闻汝兄弟居家敦朴，且勤读书，甚慰。”意思是：“听说你们兄弟日常在家时，为人敦厚、朴实，而且勤于读书，这让我感到非常欣慰。”一个“闻”字，既表明了父亲对儿子的关注，同时也说明了长辈对晚辈的提点是有据可依的，是针对已成事实的行为来说道的。接着，“甚慰”一词，既传达了做父亲的喜悦之情，又表达了对孩子们的赞赏。

然后，在信的中间部分，张淳开始启发式教导：“此可以养德，亦可以养福。语云：‘盛极衰至，福过灾生。’”这是告诉张士维兄弟：“你们这样，既能够养德，也能够养福。常言道：兴盛至极就是衰退到来之时，福气过去就是灾殃产生之刻。”可见，在进一步对儿子的行为做了肯定的同时，张淳没有简单地说教，而是借助“引用”的方式，告诫儿子们不要到了“身后有余忘缩手，眼前无路想回头”的境地。

最后，张淳对儿子们做了暗示性的指点：“造物之定理，前哲之明训；近世儒者若司马君实、邵康节，尤惓惓言此，思深而虑远矣。”大意是：“（这就是）自然造物不变的定理，前辈哲人智慧的训示；北宋的儒者司马光和邵雍，都诚挚恳切地谈论盛衰祸福的道理。这是需要我们大家深思远虑的事啊。”也就是说，张淳告诉孩子们，“盛衰相伴、福祸相依”的道理是先儒都很重视的，希望你们也能好好地考虑这些规律，并约束自己的言行。

至此，这封信就结束了。整封家书只有67个字，既不唠叨得惹人烦躁，又把想说的话讲明白了。

显而易见，张淳带给张士维的，是鼓励式的教育和殷切的期许。他先是肯定孩子们的居家作风，接着委婉地引用名言来做铺垫。之后，他没有用“别人家的儿子”来刺激自己的儿子，而是用先贤的例子来暗示、勉励自己的孩子。这些教子方法即便是放在今天，也不会显得过时。这封家书简直可以称得上是家训中的典范。

那么，这样训子的效果究竟怎么样呢？

首先，张士维非常低调。他在做“县学生”时，“虽席华胄，无上人之色”。意思是说，他虽然是个“官二代”，但是没有用鼻孔看人的习惯，跟普通的学生没什么两样。那时候，他才14岁，就已经知道“养德养福，低调做人”了，可见其家教之良好。

其次，张士维极有风度。他的孙子张英曾经“闻诸长老言”，知道张士维“敦庞浑厚，嶷然如山岳，挹其风度，可以挽浇振靡也”。也就是说，张士维为人敦厚老实，像大山般端正可靠，他的风采气度有助于良好社会风气的培养。我们今天猜测，大概是张家的老一辈们用张士维的事例来训诫小辈，而张英很为自己的爷爷张士维感到自豪，所以，特意记下了这些话。在这方面，我们有时候不得不佩服血缘的神奇。这段话，如果去掉主人公，放在“张一包”身上，是很恰当的；放在张士维的儿子张秉文身上，也很恰当；放在张士维的孙子张英身上，同样很恰当。由此可见，张家的家教是从长辈的以身作则开始的，而张家的家风也就这样一代一代地培养出来了。

最后，张士维很得人心。他曾两次被选举为“郡邑大宾”。按古乡饮礼，只有年高德劭者才能为宾，并且只推荐一个，足见张士维在桐城的人气之高。当然，我们也可以说，他得到了张淳的真传，所以有很深的“和乡党”的功夫。

可想而知，如此善于处理乡邻关系，“以利济为事”的张士维，必定会为同乡的喜事去上门道贺，特别是万历二十六年（1598年）科举放榜之后。

第三节　同乡何如宠

万历二十六年（1598年），刚好是张淳中进士的第30年。这一年，大明军队“南海大捷”，“抗日援朝”取得胜利；这一年，著名的浪漫主义戏曲家汤显祖写出了《牡丹亭》，大明群众又有新戏可瞧了。但是，这都不是桐城百姓最关注的，因为这一年，桐城考生破纪录了，居然有三人中了进士！

这三人中，有两人都出自桐城何氏，而且这两人还是亲哥儿俩，因此，去何家道喜的人络绎不绝。这么大的好事，素来敦亲睦邻的张士维，即便自己无法亲身前往，也定会派人前去。我们今天已经无法考证何家与张家的交往关系，但是可以肯定，何家人的经验对张家影响巨大，因为何家出了桐城历史上的第一位宰相——何如宠。

事实上，明代并没有宰相这个官职。所谓宰相，是古代最高行政长官的通称。明代在洪武时就废除了宰相的称号，掌握“宰相”权力的，实际上是内阁大学士，何如宠就因做了武英殿大学士而被民间称为“何宰相”。他做宰相的经验，自然会得到同乡张家的总结和关注。不仅是他个人备受瞩目，在他和哥哥何如申一起中进士后，何家整体就开始成为桐城百姓“八卦”的对象。那么，第一个被大伙儿关注的何家人是哪位呢？

有人可能会觉得，这个问题很难回答。何如宠与何如申同年中进士，而且两人有约定：为了孝敬母亲，两人轮流做官，必须保证有一人能在家中照顾老母。我们知道，万历年间辞官很不容易，在这样的情况下，兄弟俩能有这个两全其美的对策，既孝顺了娘亲，又缓和了为官压力，均展示了他们过人的政治智慧。可见，两个人都是聪明睿哲、出类拔萃的人物，都有成为百姓们谈话焦点的资本和经历。那么，究竟是哪一位何家人最受桐城百姓关注呢？

答案是：何如宠的夫人。

何夫人吃鱼

虽然国家动向、官场升迁的新闻很重要，但是相对于冷冰冰的政治，老百姓们更喜欢充满人情味儿的八卦琐事。坦率直白的何夫人自然成为了大家的“开心果”。证据是，《桐城县志》里专门记载了一条关于她的歇后语：何夫人吃鲥鱼——拣大的。

这是怎么一回事呢？

原来，天启年间，明熹宗邀请礼部侍郎何如宠等大臣和他们的妻子进宫赴宴。宴席的目的是尝鲜。据说，将要摆在餐桌上的“主角”，是不久前新进上的贡品，因此，得到邀请的官员几乎是个个翘首以盼。我们在前文就讲了，明代公务员的薪水很低，不足以提供日日美味的生活。再加上对“凶巴巴”的言官的畏惧，很多官吏是难得吃到八珍玉食的。但是，这并不妨碍他们对美食的欣赏能力，也不妨碍他们挖掘自身“饕餮”的潜质，更不妨碍他们在皇帝那儿“吃白食”的热情。于是，列位大臣和众位夫人们虽然个个姿态端正、礼仪完美，但是，很多人都早已垂涎欲滴、望眼欲穿了。很快，服侍的人就把神秘的主菜端上来了。众人定睛一瞧，原来是京城里罕有的鲥鱼。

鲥鱼是溯河产卵的洄游性鱼类，每年在初夏时候入江，其他时间不出现，被人们称为“时鱼”，后来渐渐写作“鲥鱼”。这是它出名的原因之一。鲥鱼味甘、性平，能温中开胃、补益虚劳。这是它出名的原因之二。鲥鱼最为多数人所钟爱的原因，还是它的细嫩爽滑、腴而不腻。因此，鲥鱼被誉为“江南水中珍品”，和刀鱼、河豚齐名，并称“长江三鲜”；还与黄河鲤鱼、太湖银鱼、松江鲈鱼并称为史上“四大名鱼”。可见，经过烹饪的鲥鱼，是多么令人食指大动。所以，民谚说：“红烧鲥鱼两头鲜，清蒸鲥鱼诱神仙。”诱没诱来神仙我们不知道，文人雅士、帝王将相倒是真诱来了不少。

相传，第一位离不开清蒸鲥鱼的名人是汉代高士严子陵。当年，汉光武帝刘秀请严子陵出任谏议大夫，严子陵坚辞不仕，反而细说了富春江的美景，并告诉皇帝，他舍不得“齿颊有余香”的鲥鱼。此后，偏爱鲥鱼的名士就更多了。又因为传说中鲥鱼非常爱护自己的鳞片，所以，宋代的苏东坡又叫它“惜鳞鱼”“南国绝色之佳”，并作诗道：“尚有桃花春气在，此中风味胜鲈鱼。”等到大明立朝之后，鲥鱼更是成为了皇家贡品，走进了紫禁城。到了清代，鲥鱼自然而然地被列入满汉全席，占据了席面的重要位置。

当然，此时的明熹宗和大臣们不可能吃到满汉全席，但是明代做法的鲥鱼依旧让众人齿颊留香、赞不绝口。再联想到鲥鱼所附着的文化、传说和历史，这场宴席的意蕴就更深刻了。不仅满足了口腹之欲，更能得到精神食粮，大家吃得“不亦乐乎”。谁知，正当各位重臣和夫人们大饱口福之际，忽听得一个低柔的女声娇嗔道：“我当是什么好东西，原来是鲥鱼。”众人大概已被美味迷晕了头，都不计较此时说话是否无礼的问题，反而用疑惑的眼神寻找着发出声音的女子，期待着她的解释。

只见爽利又率真的何夫人搁下筷子，诚恳地说：“我们桐城的鲟鱼嘴，产的鲥鱼是又大又多。我在娘家常吃鲥鱼呢。”话音未落，明熹宗变了脸色，而何如宠的冷汗也霎时间冒了出来。顿时，整个宴会变得落针可闻，菜肴的香味也好像凝固在了空气里，胆子小一点的人差点儿握不住手中的筷子。

何如宠素有急智，赶忙起身谢罪：“鲥鱼和白鲢长得很像。我的夫人愚昧无知，分辨不出鲥与鲢。”听了这话，明熹宗的脸色才有所好转。事情就这样搪塞过去了。

有些人觉得，“何夫人吃鲥鱼——拣大的”这条歇后语凸显的是她不分场合、不知礼数、不会说话的没修养。也有些人觉得，何夫人实在是一位坦诚可爱的女子。一般大臣的夫人，能做客皇家宴席就诚惶诚恐了，何夫人不但不慌张，反而大大咧咧地对御赐菜肴挑来拣去，普通女子还真没有如此粗壮的神经呢。其实，何夫人说的肯定是实话。桐城鲟鱼嘴的确出产高质量的鲥鱼，而她作为大户人家的千金宝贝，又嫁给了朝廷重臣，常吃鲥鱼绝对不是吹嘘的话，也不大可能把鲥鱼和白鲢弄混了。

细细想来，这件事也反映了当时政局的尴尬。明熹宗朱由校，生命的长度只有23年。他即位时年仅16岁，而且接手的是一个烂摊子。他的爷爷万历皇帝罢朝20多年，他的父亲朱常洛继位不到一月就死了，他还没有一位像孝庄文太后那样的长辈来辅佐，时常过得浑浑噩噩。更令人感叹的是，他喜欢的专业是土木工程，并且他的木工和雕工也做得很好。但是，阴差阳错，他只有做皇帝这一个职业选择。可想而知，他的日子过得有多么不称心。你看他好心好意从贡品中选了鲥鱼，热情地请列位大臣及其夫人们品尝，结果还落了何夫人一个不稀罕。你说他这皇帝做得该有多郁闷。而何夫人这样做，私下里恐怕也是受了何如宠的影响。

我们知道，明代天启年间，由于皇帝沉迷于木工，导致宦官魏忠贤矫诏擅权、作威作福。“魏九千岁”迫害东林党人，受害者就有桐城人左光斗。古代官场最讲究“乡谊”。何如宠与左光斗同乡相好，自然不能坐视不理，也必然会受到牵连。这种情况下，何如宠对皇帝恐怕没什么好感。估计，他的同僚们对这位“木匠皇帝”也是颇有微词。

那么，针对这样微妙的政局，何如宠会采取什么样的做法呢？

贪睡的何氏夫妇

何如宠，字康侯，号芝岳。作为张士维的第一位手握宰相重权的同乡，他的行事作风与同时代的其他桐城人颇有不同。

以他的老乡左光斗为例，左氏生前，住宅名为“啖椒堂”，“啖椒”

何如宠在家乡枞阳的家庙

就是大口吃辣椒的意思；与魏忠贤一党抗争时，被认为肺肝为“铁石所铸造也”；之后坚毅不屈，死于狱中，谥号为“左忠毅公”。这些都足见左光斗的性格是非同一般的刚猛。与之形成鲜明对照的，则是何如宠的“操行恬雅，与物无竞”。也就是说，何如宠跟张淳的个性差不多，都是主张“谦退”的人。显而易见，在官场上，往往是何氏这样的人易受左氏这样的人的牵连。事实也的确如此，左光斗遭到陷害后，何如宠也因此被弹劾革职，远离了权力中心。

是金子总会发光，作风相似的人，际遇也往往差不多。何如宠与张淳一样，丢官后很快就得到起复。崇祯元年（1628年），他先起复为吏部右侍郎，很快就官拜礼部尚书，也就是我们前文所提到的年薪只有152两银子的二品官。起复后第二年，何如宠即入阁办事，正式成为宰相级人物。但是，他做官的态度并不那么积极。

话说何如宠身居高位，来拜访的人，按常理说应该是不少。但是渐渐地，客人却越来越少。有道是“主雅客来勤”，难道说何阁老不是一位雅人？这个理由，桐城百姓第一个不信。因为，何如宠为了侍奉母亲，在桐城的龙眠山修了座庄园，名字叫“泻园”。地理位置自然是极好的，风景更是让后辈的张英等人称赞不已。不说那茂林修竹、四季如画的背景，单看这所园林的名字，“沁芳泻玉”的佳山胜水，仿佛就在眼前。“泻园”

这名字，不仅暗合了园子所在地的地名“双溪地”，而且点明了园中飞瀑流泉、园外溪水潺潺的特色，还能让人联想到“泄出于两峰之间”的欧阳修笔下的“酿泉”。可见，此间主人不但是一个雅人，而且是一个妙人。如此既雅且妙的人，行事自然非常人可揣度。因此，在众多桐城名人之中，张英特意选择了一则何如宠的轶事，记入了张家家训《聪训斋语》里。

故事是这样的：有一天，一位相熟的同僚来到何家，想要拜访何如宠。谁知，客人等到日高三丈，也未见人招呼，客人顿时满腹狐疑。古人讲究“黎明即起，洒扫庭除”，对于何阁老这样的高官而言，即便不是“闻鸡起舞”，也该是“夕寐宵兴”才对。谁知，左等右等，就连仆人婢女都不见几个。眼见着日上三竿了，何如宠才离开卧室，施施而来。客人与何家相熟，也就不避讳地问了一句：“夫人大概也还没起床吧？”何阁老毫不迟疑地点头答是。

客人是个诤友，又见着何宰相脾气好，就直言道：“你们这样可不大好啊。”顿了一顿，眼瞅着何如宠面无愠色，客人就继续苦口婆心：“日头都如此之高了，家里的内外主人却还未起身，这一家子的仆役要谁来管理呢？”接着，客人叹了口气，说：“再这样下去，恐怕家被盗空了，你也未必知道啊。”客人这是经验之谈，因为此时的大明，已经能预料到是一盘死局。乱世多盗，这是常理。所以，何如宠虚心受教，还真挚地向客人表示了谢意，以后再也不像陈抟老祖那样长期领略“睡中真乐”了。

故事到此，似乎就结束了。我们也都能理解，张英把这事引入家训，就是告诫子孙要勤奋早起的意思。但是，故事并没有交代何氏夫妇为何贪睡，故事的最终结局也没交代清楚何如宠不贪睡以后又是什么样的状况。张英对这位前辈如此推崇，在家训中特意提到这位宰相，难道就只是为了讲这么一件小事，而不是为了引起子孙兴趣，继续挖掘何如宠的经历？

细细想来，这个故事可深思可浅读，足见张英写家训的功力，更可见何如宠乱局保身的功力。我们知道，崇祯帝是明朝最后一位皇帝。他即位时，虽想励精图治，但是国运已尽，再难挽回。以何如宠的智商，对朝局自然是洞若观火。他如果闭门谢客，不仅显得没有责任感，可能还会引起当权者的腹诽，而且还瞒不过朝廷那帮老狐狸，会得罪更多人。索性“家中春睡足，窗外日迟迟”，既减少了访客，避免了朋党结交，还远离了权力斗争，牵连不了同朝为官的兄长与家中的白发娘亲，更不会像左光斗那样好人无好果，反而累及门生故旧。这么一想，何阁老的处事还真有几分“大梦谁先觉？平生我自知”的味道。

可见，何氏夫妇的晏起，表面上是贪睡，实际上是对朝局的失望。在接受了客人的意见后，何大学士表面上醒了，心里头呢？估计还是睡着的。

何宰相辞官

儒家讲：“邦有道，危言危行；邦无道，危行言孙（逊）。”意思是，国家有道，要正言正行；国家无道，还要正直，但说话要谨慎随和。这一点，何如宠做得很好。

孔子还特别欣赏这样的人：“邦有道，不废；邦无道，免于刑戮。”也就是说，国家有道时，要有所作为；国家无道时，也能明哲保身。这一点，何如宠也做得很好。

《论语》里还说：“邦有道则仕，邦无道则隐。”就是劝诫为官之人，在国家政治黑暗的时候，还是隐居吧。这一点，何如宠暂时还做不到，所以，他的贪睡也就变得顺理成章。这是一种心灵上的隐居。所以，我们认为，何如宠明面上改好了，开始早起了，但是，他对时局的失望并没有改变，在骨子里，何宰相是宁可长睡不复醒的。

在其位而不能谋其政，何如宠即使是睡着，恐怕也是痛苦的，只不过是用“庄生晓梦”的做法来掩饰“望帝春心”的愁闷而已。作为以科举晋身的官员，何阁老熟知“邦无道，则可卷而怀之”的典故，他开始有了效仿蘧伯玉的冲动。

蘧伯玉是春秋时期卫国的大夫，他与孔子理念相合、交情很好。孔子周游列国14年，有9年是客居蘧府。白天，两位哲人同殿称臣，共商朝政；晚上，二人和弟子们整理典籍，探讨大道。在孔、蘧二人联合执政期间，卫国在政治、军事、民生方面，都举措得当、颇得民心，整个国家的国力也变得越来越强盛，甚至因此而免去了和晋国的战争。谁知，就在此时，孔子和他的弟子们遭到谗臣的陷害，在卫国变得无法立足。蘧伯玉只得伤心地送走了老友。不久，卫国国君逝世，政局急转而下，蘧伯玉便“卷而怀之”，告老归隐了。

何如宠的经历和蘧伯玉十分类似，只不过他的同僚却没有孔子的运气，不仅被凌迟处死，血肉还被无知百姓生食，结局十分惨烈。这位让何如宠“物伤其类”的人，就是时任兵部尚书兼右副都御史的袁崇焕。

崇祯二年（1629年），袁崇焕得知清兵入关，便千里迢迢赴京救援。

而此时，朝中却有大臣认为袁崇焕与清兵勾结，再加上颇有争议的清军反间计，以及魏忠贤遗党的落井下石，袁崇焕便被崇祯皇帝关进了大牢。次年，他被执行死刑。据说，袁崇焕被活剐数千刀，有数万人争抢其肉。他的头颅还被皇帝传视九边，用来震慑边关将领。

发生了这样的事情，何如宠再也睡不着了。当袁崇焕被定性为汉奸，九族即将被诛杀之际，何如宠先借着皇帝对自己的信任，苦苦求情，救下了袁家300余口的性命。然后，面对多疑的崇祯皇帝，他密藏了与袁崇焕的信件，谎称已经焚毁，保留下了日后洗冤的重要物证，也为后人留下了珍贵的史料。

这一连串的事情处理过来，何阁老彻底清醒了。他把“有道则现，无道则隐”的理念落到了实处，连上六道奏疏，辞职返乡。

在故乡，何如宠继续奉养母亲，让母亲直到90岁还“色养不衰”。他还把泻园打理得更加别致，在园中修建了别峰庵，供母亲及家人吃斋念佛。他的请退归乡，更是让何夫人喜出望外。因为在桐城，何夫人可以继续吃美味的鲥鱼，睡美美的懒觉。总之，对于这样的生活，何如宠的夫人是满意了，但是，何如宠的上司崇祯皇帝不满意了。

历史记载，“崇祯在位17年，所用大学士计49人”。换句话说，崇祯皇帝平均四个月就会换一个宰相。像何如宠这样得到信任的高官实际上非常少，于是，皇帝很想召他进京做首辅。何如宠此时的做法跟张淳一样，力辞不就。在崇祯皇帝去世前三年，何如宠无疾而终，享年73岁。他和张淳活得一样久，也和孔老夫子活得一样久。

孔子曾特别欣赏宁武子，称赞他说：“邦有道则智，邦无道则愚。其智可及也，其愚不可及也。”也就是说，孔老夫子特别赞赏这样一种处世态度：“国家太平时，就聪明；国家混乱时，就愚笨。聪明是别人可以学得来的，愚笨却是别人学不来的。”何如宠的一生进退，可以说把这样的理念践行到了极致，我们从他的字迹中就能看出端倪来。

西泠印社2005年的中国书画古代拍卖专场，北京保利2007年的春季拍卖会，都有何如宠的书法作品展出。他的扇面同别人相比，也是布局有道、进退有度、朴拙潇洒、凝练一体，真真字如其人。所以，《明史》评价他说：“难进易退，世尤高之。”这大概也是张英和张廷玉这对父子宰相对何如宠这位末世宰相大加推崇的原因吧。事实上，何如宠提供给张氏家族最宝贵的借鉴，不只是个人进退的处理，更重要的是乱世保家的经验。

何如宠人生的最后几年，实际上是在南京度过的。因为此时的桐城，在张献忠的进攻下，局势一度十分危险。在风雨飘摇的年代，如何保全自身及家人呢？老子讲得好：“善摄生者，陆行不遇兕虎，入军不被甲兵。兕无所投其角，虎无所措其爪，兵无所容其刃。夫何故也？以其无死地。”也就是说，保全自己和家族的最好方法，就是永远不要跟危险沾边儿，即所谓“君子不立于危墙之下”。何如宠正是熟谙这些道理，才及时退步抽身、远离官场，然后辞别桐城、避居南京。他的这些经验，正是刚刚成长为大族的张氏一族所必需的。

但是，何如宠的经验教训并没有被所有的张氏族人所接受，那个例外，就是张淳的孙子、张英的伯父、张廷玉的伯公——张秉文。

第四节　“抗清”与“降清”

当何如宠等善于保身之人在南京养老时，张秉文正面临着清军南下的危局。日益严峻的形势，让他的内心犹如汤煮，熬煎难安。“人生自古谁无死”，张秉文并不惧怕牺牲，但是，他放心不下家乡的老母和初长成的兄弟们。“烽火连三月，家书抵万金。”他虽然很久没有收到故乡的消息了，但是他知道，张家的这一代，正和他做着同样的事情。他在济南守城，兄弟们在桐城守城，大家都在“守”，守卫着脚下的土地，守护着身边的亲人，守候着和同胞团聚的一份期望。想着这些，除去血缘带来的亲近感，张秉文的心里又多了一种奇异的“共命运”的温暖。

作为张淳的长孙、张士维的长子，张秉文像这个时代所有的家中老大一样，有着独特的厚重的责任感。他惦记着胞弟张秉彝的举业，他担忧着族弟张秉贞的仕途，他惦念着父母亲的健康，他挂心着儿子们的课业。眼见山河破碎，眼见兵连祸结，眼见哀鸿遍野，他和身处末世的众人一样，不论置身何地，却共有团聚的期盼。只是，他再也等不到重逢的那一天了。

此刻，毫无预感的张秉文，正忙着排兵布防，把心底的期望交托给乱世中如浮萍飘絮般的命运。

张秉文抗清

张秉文，字含之，号钟阳，是桐城张家的八世祖。他出生于万历十三年（1585年）。这一年，与他的父亲张士维经常被弄混的那个人——首辅张四维去世了。不知道是否冥冥中的注定，张秉文和张四维一样，书都念得非常好。万历三十八年（1610年），张秉文就中了进士，时年25岁。

这可是一个令人惊喜的好成绩。明代的进士，平均年龄在32岁到34岁之间。即便是大名鼎鼎的“生而颖异”的张四维，中进士的年纪也比张秉文大两岁。而且张秉文“少朗俊，风格标异”，也就是说他年轻英俊、气度非凡，风姿品格不同于常人，于是“大父参政公许为远器”。“大父参政公”就是张秉文的祖父张淳，“许为远器”就是说期许张秉文能成长为承担大事的栋梁。如此才貌双全的长房长孙，张淳自然是喜欢到骨子里了。而且，张秉文为官也和张淳非常相似。

我们知道，张淳“张一包”是捕盗的能手，从陈年旧案的主犯到临时潜逃的小贼，他都能手到擒来；对于盗贼频现的局面，他也能釜底抽薪、标本兼治。也许这种本领能够遗传，张秉文缉捕盗寇也是一把好手。只不过，他面对的盗贼，已经不是卢十八那种单打独斗级别的穿窬之盗，而是海盗李魁奇这样纵横一方、全副武装的亡命之徒；他参与的抓捕行动，也不再是派一队衙役、关一下密室就能搞定的小打小闹，而是需要动员百姓、出动军队、声势浩大的讨平战役。

那场荡平海寇的战事，究竟是怎样开始，又经历了怎样的过程，最后取得了什么样的成果，我们今天在正史上已经看不到详细的记述了。我们能够知道的是，那次行动过后，张秉文的仕途越来越顺，历经广东按察使、右布政使，直至调任山东做了左布政使。如果清兵没有南下，人们很难预料张秉文会不会走到张四维那样的高度，只能说时也命也，非人力所能为也。

崇祯十一年（1638年），是张秉文生命里的最后一冬。这一年，清兵绕道入关，“沿运河而南，长驱山东”。这一年，曾经提拔了袁崇焕的兵部尚书孙承宗死守高阳，“须髯戟张，声如鼓钟”。这一年，按《明季北略》的记载，是“兵过数番、寇过数番，抢夺公卿入长安；军苦何堪、民苦何堪，父母妻子相抛闪”的悲凉。随着寒流的到来，张秉文却再无一丝悲悯，因为他的内心早已被焦虑充满，他已经没有时间浪费在无关紧要的个人情绪上，他必须花费巨大的心力和精力来面对清兵最为彪悍的一支军队。

这支人马，所向披靡、势如破竹，从河北青山口一路打到山东济南城，在临近年关时把整个海佑之城围得水泄不通。这支清兵的领导人，就是屡次出征蒙古、16岁就获得“墨尔根代青贝勒”称号的多尔衮。一边是能征善战的清朝军事家，一边是几乎手无缚鸡之力的大明二品文官，结局自然不言而喻。但是，螳臂挡车，知进不知退，却自有其勇武。

张秉文一面派人快马上报，请求支援，一面动员百姓保家卫城。眼见着城中只有不足2000人的兵力，他的神经几乎绷到了极点。就在不久前，因为担心清军北上，恐惧多尔衮攻打京城，新任兵部尚书杨嗣昌已将济南大军调往德州，致使堂堂山东首府守备空虚、军力匮乏。此刻的济南，只有乡兵500人，莱州援兵700人。张秉文不需清点都明白，这些人远不足以守城。

当消息传到京城时，杨嗣昌哑口无言，却束手无策。泉城形势已是危如累卵，督师太监高起潜却在临清坐拥重兵，不予救援；大将祖宽、倪宠等也在旁观望，贻误战机。

可怜张秉文一介文人，衣不解带，身先士卒，在济南城头苦苦死守，却始终未等来援军。

次年正月初二，济南城破。张秉文披甲上阵、大声呼号，带领济南百姓和民兵，与清军展开了巷战，终于寡不敌众、力不可支，中箭身亡。他的妻子方氏、侍妾陈氏，也都自投大明湖，殉夫亦殉国。这是张家历史上最惨烈的一幕。张秉文和这两位夫人，被称为张家的“一忠二烈”。

在明末抗清的战役中，多少勇将屈节投降。在济南保卫战中，连明德王朱由枢都做了清军的阶下囚。可叹这些所谓的七尺男儿，竟还不如张家的几位纤弱女子。

方孟式殉节

张秉文的妻子方孟式，字如曜，是我们前文提到的《纫兰阁集》的作者。她出自桐城诗礼簪缨的方氏家族。

桐城方家世代书香，多出才女。方孟式的胞妹方维仪著有《清芬阁集》，方孟式的堂妹方维则著有《茂松阁集》。作为姊妹群中的佼佼者，方孟式更是聪慧过人、博学多才。她能诗词，也善书画，不仅写了《纫兰阁诗集》十四卷，而且手绘了观音大士像，“得慈悲三昧”。更令人称道的是，方孟式贤良淑惠、备有妇德，在嫁给张秉文后，她持家有道、夫唱妇随，很得丈夫敬重。夫妻二人的感情也一直很好。

在济南被围之初，方孟式就对丈夫说：“夫子之死生唯官守，妾之死生唯夫子。”她了解丈夫的责任与品性，并不愿意拖张秉文的后腿，但还是用“妾之死生”的说法委婉地表达了自己的期望：“夫君你要多保重啊。你若有事，我也活不了。所以，请千万保全自己啊。”

之后，张秉文在城头日夜死守，无力顾及家小。方孟式也毫无怨言，积极支援。为了解除丈夫的后顾之忧，她安排亲信带着孩子们潜回桐城老家。这件事，她没有瞒着丈夫，所以临行前，她看到了张秉文百忙中写给族人的信：“身为大臣，当死封疆，老母八旬，诸弟善事之矣！”出于女子特殊的敏感，方孟式从这短短的18个字里，嗅到极不乐观的味道。于是，她下定决心，要与丈夫共患难、同生死。当家人苦求她与小少爷们一起返乡时，素来和善的她，面露不豫之色：“是何言也？吾去，人且谓公无固志。”她担心自己的离开，会让人散播张秉文弃城不守的谣言，就坚决不肯离去。

很快，济南城破。张秉文以书生之力，执剑与清兵肉搏。方孟式亦坚守府衙，闭门不出。这时，突然有人来报：“不好了！张公弃城了！”方孟式闻言大怒，厉声斥责那人道：“我家老爷岂是贪生怕死之辈？他绝对不会逃！”话音未落，就又有人来报：“张公战死！”方孟式顿时转怒为悲，泪如雨下：“这次，应该是真的了。”她回过头，对侍妾陈氏说：“我说过，要跟夫君同生共死的。以后，家里的事情就托付给你了。”陈氏用颤抖的手理了理鬓发，恭敬地对方孟式行了大礼：“自当追随夫人和老爷。”于是，妻妾二人同离官邸，共赴大明湖。也许上天也怜悯这些美丽的女子，往年只有部分冻结的湖水，当时却是“寒冱冰坚”。但是，两位夫人心意已决，她们在湖面凿出罅隙，毫不犹豫地蹈节死义。而张家的十多位侍婢也追随她们，投湖自尽。

同样是投湖，同样是殉国，张家二位夫人走得干干脆脆，丝毫不拖泥带水。但有的人，却嫌弃湖水太凉，殉节殉到一半就返家了。这个人就是东林党领袖，因诗才卓著而被称为“江左三大家”之一的钱谦益。

钱谦益和张秉文一样，都是万历三十八年的进士；钱谦益和张秉文一样，都有着深明大义、情愿跳湖殉节的妾室。但钱谦益和张秉文的个性却大不一样。当张秉文在济南坚贞不屈，死守泉城时，钱谦益却在金陵倚红偎翠，欣赏“桃花得气美人中”。在崇祯皇帝自缢后，钱谦益在侍妾柳如是的几番劝诫之下，才下定决心，效仿屈原，想要投水报国。于是，在高调地对外宣传后，钱谦益带着家人来到常熟尚湖。围观者都认为钱谦益德高望重，一定会以身殉国。谁知，从日高三丈到日薄桑榆，都不见钱先生有什么动作。反倒是柳如是奋不顾身，纵身跳入湖中，虽被人救起，但柳氏是真的不惜一死。再看钱谦益，瞅了瞅西山的风光，探手入湖，慢吞吞地说了句：“水太冷，不能下。”听闻此语，旁观众人目瞪口呆。想当年，两位张夫人投身冰湖时，可是北方的正月天。不晓得博学多识的钱老先生，是否认为黄河以北的湖水比长江以南的湖水更温暖？！

此后，当人们指责钱谦益，说他大节有亏时，钱先生竟然把责任全推给了柳如是："我本欲殉国，奈小妾不与可？"惹得300年后的大学问家陈寅恪极度不满。陈先生在晚年双目失明的情况下，奋笔著书，写了40多万字的《柳如是别传》，痛斥钱谦益的失德。可以说，钱谦益"平生谈节义，两姓事君王"，在大节上与张家投水殉主的侍婢不能相比，与两位张夫人不能相比，与阵亡的张秉文更是不能相比。

张秉文死后，被追赠太常寺卿，被人们设专祠祭祀。百年之后的乾隆年间，他还获赠谥为"忠节"。而钱谦益被乾隆皇帝讥讽为陌路逃窜的"孟八郎"，他的著作《初学集》《有学集》等也被禁毁。历史，终究待张秉文不薄。

清朝统一全国后，桐城张家出了"父子宰相"等多位高官显贵。但张秉文的孩子们张克倬、张克仔、张克佑却继承父亲遗志，清白守节，终身不仕。这些都是后话，只说在崇祯十二年（1639年）的正月，张克倬等人在桐城期盼着合家团聚，却不知张秉文夫妇早已殉国。他们并没有很快得到消息，因为烽烟四起、鱼沉鸿断，桐城的局势也是岌岌可危。

张秉贞降清

桐城位于江淮要冲，自古以来就是兵家必争之地。从崇祯八年（1635年）到崇祯十五年（1642年），张献忠率领的农民起义军与明廷军队在桐城数次鏖战，六次围城，均不克而返。自此，张秉文的老家就有了"铁打桐城"的美誉。而这份守城之功，自然少不了张家那一份。张家参与城防的，主要是张秉文的堂弟张秉贞。

张秉贞，字符之，号坤庵，是崇祯四年（1631年）二甲第五名的进士，也就是当年科举考试的全国第八名。他初涉仕途时，在户部任职，“以清慎闻”。也就是说，他保持着张家人共有的特点：敬慎清廉。值得一提的是，作为同样流淌着张淳血脉的子孙，他和张秉文一样，是对抗贼寇的好手。

话说崇祯中期，有流贼盘踞楚地中部。楚地官员或认为固守待援，或认为拼力一战，或认为北上请兵。总之，议论纷纷，莫衷一是。有人可能会觉得这些官僚尸位素餐，但若是了解当时的世情，就不会责怪这些官员的犹疑了。因为如何处理贼寇，实在是一件风险极大的事儿。以兵部尚书熊文灿为例，他对海盗头目郑芝龙采用的是招降的手段。大家知道，郑芝龙是郑成功的父亲，所以，这个结果是比较不错的。他对海贼李魁奇、刘香等人采取的是剿灭的措施。这场战役，张秉文也参与了。我们知道，结果也挺好。悲剧的是，他对张献忠也选择了招降的方法。结果是张献忠表面投诚、归顺大明，暗地里却屯兵操练，伺机反攻。然后，熊文灿被捕入狱，于次年被斩首。

有了这样的前车之鉴，众位官吏对待盗贼更是慎之又慎。

这时，张秉贞经过对流寇的分析，认定己方有力可拒，就高筑城墙，疏浚护城河，同时派兵严防死守。而他本人也亲自穿戴盔甲，在城头昼夜巡视。流贼一看这样的阵仗，认为无漏可捡，都不敢逼近，随后就散去了。这样的功劳，被上司表彰为“卓异”。于是，张秉贞得到了皇帝的召见。他不仅得到了赐宴加礼，而且得到了官职的升迁。然后，更离奇的事情发生了。

张秉贞在顺广地区上任不久，就碰到了一桩万分紧急的案子——数名女子被马贼掠去了。马贼素来凶悍，即便是按律可以就地正法，那些女子恐怕也保不住了。前来报案的人向张秉贞上告时，手都是抖的，话也差点说不清楚。张秉贞深知此案凶险，但他依旧十分平静，从从容容地定下了相关计策。他的方案，我们今天已经无史可考，但是，这个案子的结局在《康熙桐城县志》上写得清清楚楚："刻日而五马贼平，所获妇女悉访其家还之。""刻日"就是"当天、即日"的意思。当天报案，当天结案，张秉贞破这案的效率，比当年的"张一包"还神速。他的才干，怎能不让身边的人信服？

于是，当张献忠宣称"必破桐"时，既有户部司饷经验又有领兵作战经验的张秉贞，自然被托付了重任。而他也不负众望，"议兵筹饷，绸缪备至"，与桐城父老一起，和张献忠展开了八年抗战。最终，张献忠抱憾离开，再也没有了攻打桐城的念头。张秉贞则因"廉能"做到了浙江巡抚。

我们知道，在此期间，张秉文夫妇殉国的消息传回桐城，张家满门悲痛不已。古人讲，"长兄如父，长嫂如母"。张秉文作为张家这一辈的老大，对兄弟们向来关怀备至。他的被害，于张秉贞而言，和杀父之仇无异。张秉贞怎么会降清，甚至还在清朝做到了刑部尚书和兵部尚书的高位呢？

他的桐城老乡，同时也和张秉文一样娶了方家女儿的钱澄之，写了一首《二忠诗》，或许可为我们提供部分答案：

史公将略本非长，半壁南朝一死偿。

庭议只知除异己，庙谋宁复顾危疆？
上江斗罢扬州破，北府屯空建业亡。
二竖至今还兔脱，槛车独见送君王！
靖南勇气冠诸勋，报主精忠独数君。
鹰饱只教防兔窟，虎痴何意入狐群。
上流问罪偏劳拒，北道求援未许闻。
国运可怜亡一矢，江城遗恨失将军！

这首诗让后人看到了明末的忠臣是多么难做。古往今来，每每是昏君宠佞臣。桐城人左光斗的弟子史可法精忠报国，却遭排挤外出，又遇小人奸佞柄国阻碍，藩镇骄横有令不从，最终血洒扬州。而靖南侯黄得功，骁勇善战，忠心耿耿，反被马士英、阮大铖一伙奸人蒙蔽利用，未能在抵抗清军时发挥力量，最后在护送弘光帝的途中遇袭身亡。这二人的故事，足见南明弘光政权是多么腐朽！

失去了忠臣良将，这个政权还有什么呢？有荒淫愚昧、闻风自逃的昏君！有擅权乱政、只为私欲的奸贼！有卖国求荣、无耻乞降的匹夫！有御侮无策、只争门户的东林诸辈！有承担议和之责，却与清廷暗地勾结的失节使臣！

在明弘光元年、清顺治二年（1645年），北伐明军回撤时，被南岸守军炮击，万余条性命葬身鱼腹。幸存者进退维谷，投降了身后追来的清军。过了不到十天，扬州城破，清兵恼怒大明军民的抵抗，屠城十日，将一座繁华富庶的城市变成了血流成河的炼狱！于是，“三百年来养士朝，文武百官尽皆逃”。

在这样的大背景下，张秉贞献降杭州，虽然大节有失，却也不是不可以理解的。当然，他的议降受到阻拦和批判，这件事情也做得并不光彩。

张秉贞降清后，先补任礼部郎中，接着升任通政参议，后转任兵部左侍郎，授刑部尚书，之后又升任兵部尚书（从一品），并在这个位置上去世。他死后，谥号为“僖和”。“小心恭慎曰僖”，这真是一个极具张家人特色的谥号。

从张氏全族的角度看，在朝代更迭的乱世，倘或朝中无人，桐城张家能否保全并很快恢复元气，恐怕还是一个未知数。所以，其余的张家人，对张秉贞或许有怨，但也能够体谅他的做法，这其中就包括张秉文的同胞弟弟、张英的父亲张秉彝。毕竟，他虽无官位，却也是降清了。

张秉彝的抉择

张秉彝，字孩之，号拙庵，是张士维的第三个儿子，生于万历二十一年（1593年）。

他出生的这一年，刚好是名医李时珍去世的这一年。大医的故去，似乎暗示着这个王朝已经病入沉疴，无人能救。也正是在这一年，努尔哈赤打赢了古勒山之战，击败了海西女真，从此“军威大震，远迩慑服”。古勒山之战，是明代女真各部统一战争史上的转折点。没有这一战，就不会有后金政权，自然也不会有后来的清朝了。而此时的张家人，对遥远的北方战事不了解也不关注，他们正在为新出生的长房三子张秉彝进行庆贺，也同时督促着大孩子们的学业。

时间过得飞快，眨眼间，昔日襁褓中的稚子已长成矫健的少年。张秉彝像他的祖辈、父辈和兄长一样，才思十分敏捷。在作文时，他“不烦思索，伸纸立就”。在15岁时，他就“补博士弟子”，进入南京国子监读书。自此，“名噪士林者三十余年”。由此可见，张秉彝也是一位少年成名的英才。那么，他为什么没有做官呢？

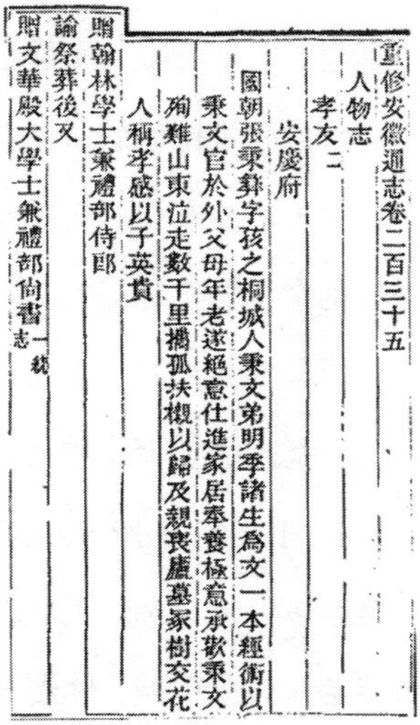
重修安徽通志卷二百三十五
人物志
孝友二
安慶府
國朝張秉彝字孩之桐城人秉文弟明季諸生為文一本經術以
秉文官於外父母年老遂絕意仕進家居奉養極意承歡秉文
殉難山東泣走數千里攜孤扶櫬以歸及親喪廬墓冢樹交花
人稱孝感以子英貴
贈翰林學士兼禮部侍郎
諭祭葬後又
贈文華殿大學士兼禮部尚書志一

《重修安徽通志·孝友》中关于张秉彝的记录

原因大概有如下几条：

一是为了奉养父母。因为张秉文在外做官，照顾不到年老的双亲，所以张秉彝就自绝于仕途。他的故事被特意记入了《重修安徽通志》的“孝友”里。书中还认为，正是因为他的“孝感”，所以子孙才得到了好报，张英他们才能位极人臣。其实，这跟张家的家教有关。我们知道，张淳就时常教导张士维要“养德养福”，估计张士维也原样教给了自己的儿子张秉彝等人。

二是对时局的担忧和对政局的失望。在长兄张秉文中进士后，张秉彝成为贡生，在京城的国子监读书。此时，万历皇帝已经有24年不上朝了。虽然文官集团还在按照多年形成的程序自主运行，但大臣们的不满情绪是比较严重的。很多人选择辞职，很多职位出现空缺就是证明。通常来说，年少的经历对成年后的行为影响很大。张秉彝此时虽未及冠，但他早就有了自己的判断力。十七八岁的他就对这个政权不满，在以后的岁月里，这样的态度就更不容易改变了。

三是个性的原因。张秉彝不是没有做官的机会，他“历成均，岁久考授别驾”。“别驾”按照任职地的不同，待遇和品阶也是各不相同。但总体而言，这可比他的爷爷、父亲和兄长的第一份工作“知县”的待遇好多了。然而，张秉彝的选择是“未仕，优游林泉者又二十余年”，可见，张秉彝是个“少无适俗韵，性本爱丘山”的人，颇有魏晋高士的风度。

但即使是这样一位心慕自然、寄意田园的洒脱之人，误落尘网后，也无法在乱世的逆流中独善其身。

我们知道，明末的北京，日子是很不好过的。农民起义、边疆危机都让这座古城笼罩着不祥的气息。于是，张秉彝放弃了在京城读书的生活，回转老家。在桐城，他娶了麻溪吴应耀之女为妻，过着“悦亲戚之情话，乐琴书以消忧”的生活。像他的祖父、父亲那样，他和乡亲们关系也非常好，“接乡里及臧获皆以和”。但是，这样平静的日子也很快被打破了。

崇祯八年（1635年），张献忠攻打桐城。张秉彝必须抵抗贼寇、整理义田、救助乡邻。崇祯十年（1637年），他的第五子张英出世。但新生命降生的喜悦还未散去，他就得知兄长被困济南的消息。崇祯十二年（1639年），新春的鞭炮声还在耳边回响，他就听到张秉文战死的噩耗。在安顿好母亲后，张秉彝顾不上自己心如刀绞，带着两个侄子张克倬、张克仔匆匆北上。

这一路，“兵燹充路，道殣相望”。张秉彝目睹生灵涂炭，不禁怆然涕下。等见到兄嫂的遗体，他更是摘胆剜心、凄入肝脾。为了让兄长魂归故里，张秉彝强忍悲痛，安抚着张秉文的遗孤，冒着兵革满道之险，泣泪千里，扶棺返乡。

刚刚料理完兄长的后事，不到两个月，张母就撒手人寰。张秉彝痛入骨髓、泣不成声。他不愿意委屈母亲，在流离转徙中，不顾生活拮据，认真筹划，让亡母能礼数周全地下葬。也许是感动于他这份难得的孝心，他守丧小屋边上的墓树竟长出了相交而开的鲜花。

这些花儿却未能得到张秉彝的丝毫注目，因为他非常忙。数经丧事的张家，本就钱财缺乏，却又恰恰碰到了“桐苦寇”“岁大馑”的关卡。战火周边是“白骨露于野，千里无鸡鸣”。张秉彝一方面管理着家中田产，与自己的夫人吴氏“设粥济饥”，一方面要教导家中还未成年的子孙，还要担忧在外的张秉贞等族人。就在这天灾不断、人祸不绝的末世，张秉彝的长子张克俨也走了，死时年仅24岁。

其实，经历了这些事儿的张家，不过是乱世中无数家族的一个缩影。据后人统计，从明代天启三年（1623年）到清代顺治十七年（1660年）的朝代更迭时期，华夏人口由5165万锐减至1900万，净减了近三分之二！到处是“县无完村，村无完家，家无完人，人无完妇”。相比析骨而炊、流离失所的平常百姓，老天已是厚待张家了。因此，当张秉贞降清的消息传来，张秉彝的内心反而平静了下来。他深知，兄弟若做出了这样的选择，就意味着改朝换代的必然。当历史的车轮指向统一之时，任何人的阻挡都只能是蚍蜉撼树。所以，与身为官员的张秉文的抉择不同，身为平民的张秉彝最终做出了和绝大多数人一样的选择——归顺清廷。

他不是没有怨过、恨过、怒过、痛过，只是这些感情渐渐地被明末的连天烽火焚毁殆尽。眼下，最重要的是锋镝余生的张家，是历经苦难的张家人。

兵荒马乱的日子过去了，人心稍定的张氏一族才发现，在张秉文和张秉贞的身影后，还有张秉彝这样优秀的族人在支撑着桐城张家。现在想来，他能撑过那一段烽鼓不息的岁月，一来是因为恬淡的心性，二来恐怕是因为他年轻时的一个爱好。正是这个爱好，让他不仅爽朗清举，而且心性坚毅，更让他在世的时间比祖父张淳还要长。

第二章

迈向权力中枢

明末清初，历经风尘之变的桐城张家渐渐恢复了生机。张氏“秉”字辈的成员依然重负在身。张秉彝必须要考虑对张秉贞在银钱、仆役等方面的支持，因为他是降臣也是汉臣，于仕途须得万分小心，而张家不可朝中无人；张秉彝还要考虑张淳、张士维留下的义田，这些田地在盗寇为乱时荒芜，现在必须复垦，以备祭祀之用和救济族中贫者；张秉彝更要考虑后辈子弟的教育问题，长子留下的孙儿及几个未成年的孩子，都需要他的教导……这一桩桩一件件，要没有一副强健的体魄，还真是扛不下来。

我们知道，张秉彝“平生泊然无好”，不喜仕宦，曾“优游林泉”20余年，颇有些魏晋风骨。而他的兴趣，也正和魏晋名士嵇康一样，是开炉打铁。正是这个爱好，让张秉彝身强体健、耳聪目明，为桐城张氏“健康工作五十年”。

其实，这个嗜好对平常的文弱书生而言，并不十分合适。古人认为，人生有三苦：打铁，撑船，磨豆腐。打铁排第一位，是因其离不开炉火，需日夜忍受炙烤之苦。不仅如此，“回炉”“出钢”时一不小心，就极易受伤。例如《水浒传》中的汤隆，就是因为整天锻造军器，火星飞溅以致全身伤疤，才得了“金钱豹子”的称号。可见打铁是个技术活，需要把勇毅和细腻这两种风格融为一体。总之，这项工作看似简单，学会却不易，学成操作还得处处小心，真不是一般人做得了的。但是一旦有人做好了，特别是有学问的人会打铁了，那人就一定不是一般人了。例如嵇康，例如张秉彝。

第一节　打铁声中好读书

与嵇康打铁的好处相比，张秉彝从中不仅获取了可抗风霜考验的体魄，获取了写文著书的清醒头脑，获取了养活妻儿、补贴家用的钱财，更多了一项嵇中散（嵇康，因官中散大夫，世称嵇中散）没得到的益处，就是增进亲子关系，拉近父子距离。

父子锻灶

南北朝大文学家庾信在《小园赋》中说："嵇康锻灶，既暖而堪眠。"短短几字，写尽打铁铺子的好处。想想看，在南方潮湿阴冷的冬季，跳跃的炉火隔绝了干戈扰攘、鹤怨猿啼。在这一方宁静温暖的小天地里，父子几人围炉夜话、联句诵书，是何等温馨和畅意。

这幅"明清父子锻灶图"，虽然比"魏晋中散山阳锻"少了几分"鸣琴清啸"的潇洒，但却多了数分"三苏说论共一堂"的亲昵和温情。

此时的张英不过七八岁，在父亲和兄长之间跑来跑去，十分活泼。他的弟弟还在襁褓中，不能参与这样的家庭小聚会。那么，他就是当下年龄最小、最得父亲疼爱的幼子，可以猴在父兄身上肆意揉搓。眼下，小张英最好奇的就是二哥手中那个杯子，那里盛着的液体与父兄的不同。

张英的二哥张载，字子容，生得身材颀长、双目有神。幼小的张英，还不理解为什么别人称赞二哥"倜傥有风概"，但依然觉得自家哥哥手执杯子的样子，是说不出的赏心悦目。单看这姿态，就颇有"千杯不醉"的架势。但事实上，张家人都知道，张载"性不能多饮"，所以，他常常只是一副微醺的样子。

张秉彝之所以纵容二子饮酒，不单单是因为儿子的酒量浅，还因为这个儿子最像自己。张载很早就"躬耕湖上，与世相忘"，要不是因为家庭聚会，他能"经年不见宾客，不入城市"。张载还特别厌恶人情往来。在礼仪方面，他也只是"疏节阔目，存大意而已"。他还说："予岂耐衣冠而与人拱揖邪？"因此，张秉彝深知，日后最有可能继承这座打铁炉的，就是张载了。

虽然见面不多，但是张载的出现还是让小张英很兴奋，原因是他的二哥极擅长捕鱼。每到十月，湖水稍退的时候，张载就准备农具舟楫，然后结网打鱼。他的到来，意味着张英又有鲜鱼可以吃了。事实上，张载的到来，最高兴的不是小弟张英，也不是父亲张秉彝，而是张嘉。

张嘉是张英的四哥。他字子弢，号西来，生性"谨厚""沉挚"，即使对着田夫野老，也礼数恭敬，毫不怠慢。表面看来，他的沉稳与二哥的疏狂极不搭调，但实际上，兄弟两个的感情最为要好。因为，张嘉也最喜

“烟汲耕获之乐”，对人情债务是能免则免。

张英虽然年纪小，但他已在父兄的对话中知道了“竹林七贤”的故事。他隐约觉得，二哥若像嵇康那样开炉打铁，四哥就是那拉动风箱的向秀。果然，张嘉日后也“松峰当户”，“隐居湖上”。这是后话不表，只见眼前的张嘉，一边为父兄泡茶添酒，一边轻声细语地参与讨论；对在场的张英小弟，也是任由他随心所欲，只有在张英举止不端时，才出声纠正。但如此程度的教导，对稚龄淘气的小男孩是远远不够的。

这时，一双大手稳稳地伸过来，“帮助”越来越顽皮的小张英记住什么叫“坐有坐样”。这双手的主人就是个性方严的张杰。

张杰，字如三，是张秉彝的第三子，是张英“师事之”的三哥。张英对他就像对老师那样又敬又爱。张杰一教导，张英就听话。一方面是因为张杰为人方正纯良，处事有理有据；另一方面是因为懂事的小张英，知道体谅三哥的辛苦。在张英的大伯父张秉文殉国战死后，张杰就“总其家政，成立其孤”。不仅帮助张秉文打理遗留的家业，还像爱护亲弟弟张英一样关心张秉文的几个儿子。此时的张杰，虽然疲惫，但在炉边聚会这样的非正式场合，却依然坐姿端庄、举动合宜。

眼见着四个儿子各有特点，又都健康平安，张秉彝心下大慰。自从长子张克俨去世后，他就对剩下的几个孩子越发关注起来。其中，他最上心的，还是张英。因为张英出生后不久，他就为张秉文千里扶棺，随后又为亡母哀毁骨立，难免忽视了小张英，现下自然心存补偿之意，就把张英时常带在身边，昼夜不离。

张英自幼就在父亲的打铁声中读书诵诗，习文练字。就在这一声声的敲击声中，父亲对他的影响也慢慢加深。张秉彝“惜物力”，张英就学到了“留有余”；张秉彝“性素俭约”，张英就知道了为人要“于声色华丽之物，绝无所嗜好”；张秉彝“与人蔼然以和，肃然以敬”，张英就明白了怎样做才能使“乡人孺子相对皆无侮容”。于是，在这一天天的锻造、淬炼当中，张英父子让一片湖泊更改了名字。

原来，“明清版锻灶”与“魏晋版锻灶”最大的不同，是锻炉安放的位置。据说，嵇康院子里有一株大柳树，能形成一片巨大的绿荫。嵇康就引水绕树，在柳下锻铁。而张秉彝大概觉得引水麻烦，就干脆把铁匠炉设在了龙眠河尽头的湖泊边上。

“明清版锻灶”与“魏晋版锻灶”最大的相同点，是主人在乡民中的好人缘。嵇康“性绝巧”，有着高超的打铁技术。附近的百姓经常请他打造铁器，嵇康却从来不收报酬。如果有人心存感激，给他送来酒食，嵇康就輾然而笑，停下炉火，拉住来人和他一块儿饮酒。张秉彝的锻造手艺也很好，在桐城远近闻名，于是光顾湖畔的百姓也很多。张秉彝“未尝有疾言遽色”，还“性乐施济”，“遇人之急，不啻身受”。他把老乡的托付，当成自家的要紧事来做，自然赢得越来越多的顾客。

客人来来往往，见此处虽无琴声泠泠，但有流水淙淙、林风飒飒，还有小张英的书声琅琅，就不忙着回家，在湖畔欣赏着天光云影，等着张秉彝完工。间或有人劝告张秉彝歇息一会儿，张秉彝就搁下大锤，出来陪着张英玩耍。看着父子二人嬉戏玩闹，有乡亲就提议说：“这个湖，还是改名叫‘嬉子湖’吧。”众人听了，都会心一笑，点头赞同。

原来，这湖里盛产一种野生田蟹，状若大脚蜘蛛，因其性寒可治多种疾病，深得老百姓的喜爱。为了区别于河蟹，湖畔渔民就将其称为“喜子”。这湖就叫“喜子湖”。如今，张秉彝比这“喜子”还受人欢迎，他又“喜”得张英这么一个聪明儿子，他还在此处跟儿子“嬉”闹，湖泊改名“嬉子湖”正与此情此景相得益彰。

嬉子湖

大家一面看着张英父子的互动，觉得很好玩，一面又为小张英捏了一把汗。你看这打铁炉内火焰熊熊，炉外还有烧红的铁器、火星四溅的铁砧，旁边还散落着大锤、小锤、铁钳等物，实在不适合孩童长待。但就在这样的环境下，小张英不仅平安无恙，还养成了勇敢镇静的性格。所以说，张秉彝教养儿子的手段着实令人惊讶。众人对此也是议论纷纷：“把儿子带在这炉火翻飞的地方读书，张家三哥可真放得下心。”这话一出，有人便立刻附议：“要不怎么说张秉彝是个奇人呢！”

当然，张秉彝敢这么对儿子，也是因为张英的出生比较传奇。他相信儿子一定吉人天相。

离奇的梦

据说，这世上有两个张英。

正史上记载的那位张英出生于崇祯十年（1637年）。在这位张英出生的八年前，也就是崇祯二年（1629年），张秉彝做了一个奇特的梦。

那段时间，张秉彝很忙碌、很焦急，也很开心。他的妻子即将临盆，他的长媳也怀孕了。也就是说，张秉彝在迎来第五个儿子后，就可以做爷爷了。他整日高兴地忙里忙外，到了晚上，常常累得倒头就睡，自然是一夜无梦。所以，当他迷迷糊糊中走到一处似曾相识的地方时，并没有意识到这是一个梦。

只见远远地飘来一位仙风道骨的神人，这位神仙周身烟雾缭绕、瑞气千条。他的手中牵着一个穿着锦衣、戴着金冠的男子。这男子在缥缈的云雾中若隐若现，虽然看不清面貌，但隐隐约约间依然能让张秉彝感觉到他的殊秀。这般鸾姿凤态，眇映云松者，究竟是何人呢？

似乎是看穿了张秉彝的疑惑，神仙的声音若有似无，从远处飘进了张秉彝耳中："这是晋朝王敦王处仲，他以后就住你家了。"话音未落，神人幻化消失。只见云气如飞而至，隐隐绰绰。

张秉彝猛地醒过来，方察觉自己仍然好端端地躺在床上。他掀被起身，却发现梦里的情形还浮现在眼前。张秉彝博闻多识，自然知道梦里的人是谁。

那男子叫王敦，字处仲，出自史上有名的望族琅玡王氏，是东晋丞相王导的堂兄，曾协助司马睿建立东晋政权，成为一时权臣。史载王敦眉目疏朗，性格简脱，且善于击鼓，音节谐韵，众人赞之雄爽。

“这样的人要到我家来吗？”张秉彝喃喃自语着，突然醒悟了过来：“看我糊涂的，这是老一辈常说的胎梦啊。”当下，他就要把这个喜信分享给夫人，却听得仆人来报：“夫人觉得不大舒服，可能要生了。”果然，张秉彝当晚就得了一个儿子。这个孩子生得雪玉可爱。张秉彝和夫人喜欢得不得了。令人惊讶的是，这个孩子年岁越大，就越显得器宇轩昂、智慧伶俐，更加地惹人喜爱。

在这个小孩出生后不久，也就是崇祯三年（1630年）的时候，张秉彝的长孙、张克俨的儿子张思耀也出世了。小小的叔侄二人游戏玩耍，给张家带来不少的欢声笑语。虽然崇祯年间的日子并不好过，盗贼四起、灾祸连年、时局混乱，但是张秉彝有打铁的手艺可以养家，还常常救济乡里，和乡亲关系和睦，自然能福缘善庆、和气致祥，一家人过得其乐融融。谁知，那个越长越好的儿子，在十岁时，突然就夭折了。张秉彝为之心痛难当，他的夫人更是悲痛欲绝。

正当张秉彝悲伤得难以自拔时，朦朦胧胧间，他又走到了十年前遇到神仙的地方。只是这一次的烟雾变幻中，不见了神人，只有那个锦衣金冠的王敦时隐时现。张秉彝顿时百感交集，启口无言。却听得那男子低低一叹，声如润玉：“我周游天下，四海听风，却没发现福德更胜你家的地方。如今我回来，就不复离去了。”张秉彝正要上前询问详情，却见漫天金光大炽，王敦已然隐入霞彩中去了。

就此醒来，张秉彝心下大定，再不感伤。没过多久，张夫人就又生了一个儿子。这孩子的言谈相貌、行为举止，都和之前那个儿子一模一样。张秉彝就给他取字为“敦复”。这个孩子就是正史上那一位张英了。大家知道，他还有一个字，叫“梦敦”。

当然，张英张梦敦和1400多年前的王敦，自然是没什么关系的。但是，张英的早慧却是堪比王敦的。这是大家都可以预料到的。他的父亲张秉彝“生而颖慧绝人”，“六经子史之书，靡不淹贯”；他的大哥张克俨“幼颖悟，日诵千言”，15岁时“为文每一篇出，人争传诵”；他的二哥张载“为书学钟繇，至老，目视不衰”；他的三哥张杰“博洽经史”，是他用师礼相待的人；他的四哥“喜读书，作文敏而工，为国学上舍，知名当时”。在这样的家境熏染下，在这些人的手引口传下，小张英的学问想不精进恐怕也难。

但是，对张英寄予了厚望的张秉彝唯恐自家耽误了儿子的学业，经过多方比较，最终为张英找了一位老师。这位老师在家的排行和张杰一样，恰好又是一位“三哥”。

拜师小龙山

话说张秉彝精挑细选，终于为自家的宝贝儿子找了个授业师傅。这位老师姓姚，是桐城另一大家族姚家姚孙棐的第三子，生于万历四十八年（1620年），足足比张秉彝小了27岁。那么，这位比张秉彝长子年龄还小的青年，为什么得到了张家上下的一致认同呢？

我们知道，张家当时最优秀的科举考生是张英的大伯父张秉文，他在25岁时中的进士。而这位青年打破了这个纪录，在23岁时就中进士了，比他的父亲姚孙棐中进士的时间只晚了三年。

这位桐城天才就是姚文然。他字弱侯，号龙怀，是张英在自己的家训中经常提到的那位姚端恪公。不幸的是，他中进士这一年是崇祯十六年（1643年）。我们知道，六个月后，崇祯皇帝就自缢于煤山。所以，他的谥号“端恪”，不是大明皇帝给的，而是清帝康熙赐予的。也就是说，姚文然后来做了清朝的官。这是后事不提，只说眼下的姚文然，为避明末硝烟，选择了隐居乡里。

英雄所见略同，姚文然所选的隐居地，恰好离张秉彝父子打铁读书的地方不远，就是嬉子湖附近的小龙山。明代王煜有诗曰：“同安城北山万重，西曰大龙东小龙。长松涧底结琥珀，秀峰云里开芙蓉。”足见小龙山周边的风景有多么宜人。值得一提的是，中国共产党第一任书记陈独秀的祖居——白泽湖陈家剖屋，就位于小龙山南侧。地灵人杰，小龙山在明末也聚居了众多学者文人。例如张秉文夫人方孟式的侄子、大思想家方以智就在此居住，还有前文提到的写了《二忠诗》的钱澄之也在这里与方以智结交，并拜他的父亲为师。可以说，小龙山最不缺的就是可为人师之人。在这众多博学之士中，姚文然无疑是教学的佼佼者。

作为老师，姚文然不是一个迂腐的老夫子，而是可以和弟子一起谈天说地的大朋友，并且，他也不忌讳其他人来教导自己的小弟子。何如宠宰相睡懒觉的故事，就是姚文然的族弟姚文燮讲给张英的。数十年后，故事听众还在《聪训斋语》中回忆说：“此太守公亲为予言者。”“太守公”就是姚文燮。一句“亲为予言”，足以让人浮想联翩。

我们可以勾画出这样一幅图景：在小龙山蜿蜒的石阶上，两位素衣青年带着一位活泼好动的小孩子走在茂林修竹间。映带左右的清流急湍，也掩不去孩子银铃般的声音。小孩儿拉住年龄较小的青年的袖子，不停地发问：“是真的吗？那位何老宰相真的睡到日上三竿吗？我都不敢起那么晚呢。”小青年一边无奈地扯着自己的衣服，一边随口答着：“是真的，是真的。不信你问我哥。”顺带着，抛给大青年一个求救的眼神。步履悠然的大青年，眯了眯眼，双手背后，刚要咳嗽一声以示警告，那颇有眼色的小徒弟，马上就放掉了小青年的衣袖，恢复了“步从容、立端正”的姿态。

谁知，小青年见不得这孩子斯斯文文的样子，眼珠子一转，指着大青年道：“你还想听何老相国的故事吗？我哥可比我知道的多多了。”小孩子顿时眼睛一亮，刚要往大青年身上扑，却在看到自己老师温和而严厉的眉眼时蔫了下来。

一时间，大青年倒是见不得小弟子垂头丧气的样子了。他拍拍小孩子的头，指着山那边枞阳镇的方向说：“你知道那里的古道庵吗？”小孩子点点头：“知道，从咱们这儿还要走很远。”大青年接着淡淡一笑：“那你知道何相国曾在那边居住的故事吗？”猜测到老师发问的意图后，小弟子高兴得几乎要跳起来。他大声回答：“不知道。”这时，就连小青年也被吸引了过来，用期盼的眼神看着大青年。

只见大青年一面缓缓踱着步子，一面不疾不徐地娓娓讲道：“何阁老寓居庵堂时，曾受邀外出品酒。返回时天色晚了，就命人提着灯笼，步行归庵。没想到，路上碰到一个醉汉，直接冲着何相国撞了过来。”“啊？那何老宰相没事吧？”听故事的孩子顿时惊呼出声。他隐约觉得，自然大家都叫何相国为何阁老，想必年纪一定很大了。

听故事的小青年也附声道：“我隐约听长辈说过，何相国回枞阳镇时，已是少宗伯了吧？”大青年点头称是，然后伴着山涧鸟鸣，继续往下讲：“那醉汉不管不顾，满口浑话，惊得何相国的侍从连声呵斥。谁知，喝醉之人反而更加肆意，开始辱骂呼叫、连讽带刺，污言秽语是不堪入耳。”“结果呢？”小徒弟听得忧心，怔怔地问道。“结果啊，那醉汉大声吟道：‘相逢尽道休官好，林下何曾见一人。’然后，踢了何家的灯笼，就此离去了。”

“太欺负人了。”小孩子一脸的愤愤不平。小青年反而沉默了下来。他知道醉汉所吟的句子出自唐代诗僧灵澈的《东林寺酬韦丹刺史》。这两句诗其实讽刺了官僚们趋赴清高却又恋栈官位的虚伪。在小青年深思时，小孩子急切地追问：“那何宰相就没打那人板子吗？”

看来，小弟子还没忽略故事的主人公，记得抓重点。青年老师满意地拍了拍小学生的肩膀，说：“随后，仆从想去查问那人的底细，却被何相国制止。下人们只得悒悒不乐地护送何阁老回庵。”讲到这里，大青年倏然住口。

自觉听了一个不快乐的故事，小孩子也难过得不想开口了。但是，深知自家族兄性格的小青年却一反静默，紧紧盯着大青年说：“不对，这不是结局，哥哥你就别卖关子了，快接着讲吧。”

看着族弟和徒弟一模一样的着急表情，大青年不禁莞尔，他接着说故事：“到了第二天，那醉汉的父亲带着闯祸的儿子跪在庵堂门口，持杖请罪。何相国却说，他从未踏出古道庵，是大家弄错了。最终，何家把这事搁置起来，不管不问。”旧事讲完，大青年转目小孩子：“张英，你觉得何相国做得对吗？”不等回答，大青年看向小青年：“文燮，若做得对，又对在什么地方？”看着这一大一小愣神思考的样子，大青年姚文然越过二人，拾级而上，不紧不慢地抛出最后一个问题：“若是你们碰到此事，又当如何处置？”

渐渐地，人语鸟声变得不甚分明，三人的身姿慢慢隐入小龙山的岚岫之中。

山道上，只余风尾森森、龙吟细细。

当小张英终于想清楚答案时，却无法当面告知自己的老师，因为姚文然出山了。

少年识分定

顺治三年（1646年），张英十岁，姚文然经安庆巡抚荐举赴京，得到国史院庶吉士的官职，暂时告别了小龙山。等到师徒重逢，已经是七年后的事情了。

这期间，张英随着父亲一边打铁一边读书，学问和见识都日渐增长。他虽然年幼，但是对天下大事非常关心。在同姚文燮等世交的往来中，他了解到了业师姚文然出仕的一些背景情况。

顺治元年，也是崇祯十七年（1644年），曾经兵围济南害死张秉文的多尔衮打进京城。不得不承认，这位清朝的睿亲王是个治国的能手。在进入北京后，多尔衮命令官吏军民，按照帝礼下葬崇祯皇帝。当月，他还颁布政令，在剃发问题上做了暂时的让步。随后，他废除了被称为明末最大苛政的“三饷”——辽饷、剿饷和练饷。他还革除了正税之外的一切加派，让穷困已极的老百姓得以缓了一口气。在进驻京城后的第二个月，多尔衮即派人祭孔，后祭孔成为大清定例。当年七月，针对明末太监猖狂扰民的事件，多尔衮把原来的由太监催征钱粮改为由地方官员征收，同时禁止太监参政议事。这些举措都极大地缓和了北京城里的紧张氛围。

在此期间，多尔衮还采取一系列措施，安抚汉族大臣，甚至不惜惩罚自己最宠爱的小弟多铎。多铎是多尔衮的同父同母的弟弟。多尔衮的母亲殉葬时，多铎还年幼。此后，他就一直跟在多尔衮身边，接受哥哥的教养，直到长大成人。因此，多铎平日最受多尔衮的疼爱。大臣们很难想象多尔衮斥责多铎的样子，因为大家都觉得这是不可能出现的。但是，事情确实是发生了。

原来，汉臣范文程的妻子天生丽质、身姿袅娜，长得非常漂亮。多铎无意间见到了范妻，就动了邪念，想抢占回去。于是，多铎找来手下的心腹兵士，命他们日夜在范文程家周围观察监视。这些举动弄得范家是提心吊胆，惶恐不安。谁知，这件事传到了多尔衮耳朵里。多尔衮知道后非常生气，几近暴怒。他立刻派人把多铎叫来，当着满朝亲贵和文武百官的面严厉呵斥了多铎，令多铎反省自悔。最后，多尔衮还罚了多铎2000两白银和15个牛录（每个牛录300人，计4500人）的兵力。

经过这件事，平时受满族权贵欺凌的汉臣大都从心底里释去犹疑和愤恨，开始竭力为清廷效力了。多尔衮却还不满足，他要网罗天下名士，为己所用。

顺治二年（1645年），清廷尊孔子为“大成至圣文宣先师”。同年六月，多尔衮“亲谒先师孔子庙，行礼”，并把儒家著作“四书”“五经”奉为经典，列为士子必读之书和科举考试的命题范围。他又提倡忠孝节义，自顺治二年起，每年五月十三日即“遣官祭关圣帝君”。

顺治三年（1646年），清人入关后首次开科，就录取了400名进士。录取人数之多不仅明朝罕见，终清之世，录取人数也是排在第二位的。除去用科举、招抚等多种手段笼络汉族士子参加清政外，多尔衮还经常让身边的汉官随时推举各地的贤才。由于多尔衮的重视与访求，大批汉族士人纷纷归附。多尔衮把他们当中最有才能的一些人，安排在中央的重要机构中，使他们能发挥才干，参与国家的治理。

在这样的情形下，姚文然选择出山，可以说是顺势而为。

在各种官方消息频传之际，民间关于朝代更迭的故事也在快速传播。张英就听到了一个“虎吻余生”的实例。

在李自成起义后，陕西米脂县县令掘了李家祖坟，李自成恼怒异常。等到李自成攻进京城后，就抓捕了这个县令，把他看押在军中，想要杀之而后快。后来，李自成挟持着这位县令来到山西，还派了20个人来看守他。谁料想，这位县令居然趁着夜色逃走了，后来做官做到绥德州太守。

张英对此感慨不已：李自成杀人数十万，却终究杀不掉这个县令，难道不是命中注定吗？死生有命这些事，怎么能让人不相信呢？张英这才想起昔日姚老师常常对自己的建议：要仔细玩味《论语》中“不知命无以为君子”。自此，张英对姚文然所讲的故事有了领悟，他特意把李自成杀县令的事例记入《聪训斋语》，并同时附录了姚老师对自己的教导和自己的感悟。

张英在家训中特意阐述道："知命是一事，为君子是一事，既知命不能违，则尽有不必趋之利，尽有不必避之害，而为忠为孝为廉为让，绰有余地矣。"那么，"为忠为孝为廉为让"的最终目的是什么呢？张英忽然想起姚文然常常引用的一句话："此乃成就我福德相"，就彻底悟了。后来，他在阅读姚老师的文集时，看到老师对何宰相宽让醉汉的评价，就更坚定了自己的内心所想。

原来，姚文然在记述完何相国的故事并进行评论时，又讲了一个故事。这个故事出自《涅槃经》：

有一天，一个人称赞佛祖说："真是大福德相啊！"旁人就问："为什么这么说呢？"这人回答说："被打却不嗔怪别人，挨骂也不报复他人，这难道不是大福德相吗？"看着旁人犹自迷惑的样子，那人继续解释说："现在的人，不知道这是福德相，认为挨打挨骂是受辱和软弱。这样子，嗔心就越来越炽热，自己则越来越没有功德。如果心里能不接受这些毁谤，耳朵听听又何妨？要把这些事情看得自然一点。就像火在空中烧，风在地上吹。当挨打受骂时，就自己在心中念叨：'那些人是来成就我的福德相啊，没有什么比这更荣耀的了。'"

在引用完这个故事后，姚文然感叹道："相国如此，况其下者乎？"何如宠堂堂一代名相，尚且宽待他人，那么，不如何相国的人又该怎么处事呢？

张英读到此处，仿佛又回到了当年的小龙山石道，童年时老师对自己的提问似乎还在耳边。于是，他特意把"让"和"谦"的道理在家训中进行了论述，还六次提到"不知命无以为君子"的义理，并且以自己的亲身体验作为例子进行论证。他说："予少奉教于姚端恪公，服膺斯语，每遇疑难踌躇之事，辄依据此言，稍有把握。"也就是说，张英年少时，就把老师讲的这些故事悟透了，在遇到难以决断的事情时，就按照姚文然强调的这些道理进行处理，往往能够把握自身和事情的发展。

人生祸福，自有分定；和气谦让，方是福德。姚文然引导张英领悟的道理，与张家自张淳起就开始传承的"养德养福"的家训是多么一致，而且，在姚文然提倡"君子知命"时，正值张秉彝益精"性命"之学。可见，张家让张英拜姚文然为师，从这个角度出发，是一个必然的选择。张、姚两家的联系也由此日益紧密起来。估计年少的张英自己也没有想到，他师从姚文然的这段经历，不仅解决了自己的人生大事，连自家儿子张廷玉的终身大事也一并解决了。

得妻姚家女

张英跟随姚文然在小龙山学习，不仅得到了自家老师的喜欢，更得到了姚家上下的喜欢。在姚文然出山后没几年，张、姚两家就缔结了秦晋之好。姚文然的小堂妹嫁给了张英为妻。20多年后，姚文然的第六个女儿，嫁给了张英的次子张廷玉为妻。

事实上，张、姚两家的关系在张秉彝这一辈就已经很好了。张英的岳父姚孙森，是姚文然的父亲姚孙棐的弟弟。姚孙森，字珠树，人称珠树公，曾做过龙泉县学博。姚珠树公去世时，张英只有15岁，但还是"犹及侍公左右"。因此，张英对父辈的论交是比较清楚的。

在张献忠攻打桐城时，姚孙森"与守令同心守御"。桐城作为当时的一座孤城，和贼寇对峙几十天，最后却安然无恙。我们知道，参与守城的还有张家的张秉贞。守城的一应兵器，难免交给张秉彝进行锻造修补。所以，张、姚两家在此时结下了同生共死的战友情。这大概也是张秉彝让儿子拜师姚家的一个原因。此后，张家“秉”字辈的张秉哲又和姚家的姚彦昭论文赋诗，有“三径之乐”，也就是说，二人共享隐居的乐趣。

到了张英这一辈，他先是“奉教于姚端恪公”，跟随姚文然学习，同时与姚文燮相交，听他们讲前朝掌故，后来又娶了他们的堂妹。与此同时，张秉贞的儿子张茂稷，也就是张英的堂兄弟，娶了姚孙棐之女姚宛，也就是姚文然的亲妹妹。张秉贞的女儿，则嫁给了姚孙棐的第五子姚文燕。

到了张英的下一辈，张廷玉迎娶了姚文然的女儿，也就是自己的外公姚孙森的族孙女。张英的长女嫁给姚士黉，另一个女儿张令仪则嫁给了姚士封。值得一提的是，姚士黉和张英的几个儿子张廷玉、张廷璐、张廷瑑都是亲家。

到了张英的孙子辈，张廷玉的长女嫁给了姚家的姚孔鋠，另有一女嫁给了姚孔铉。张廷瑑的女儿，也就是张茂稷的孙女、张秉贞的曾孙女嫁给了姚家的姚孔锞。

张、姚两家关系简表

张家世次	张家人物	交往事件	姚家人物	姚家世次
八世	张秉贞、张秉彝、张秉哲、张秉贞妹妹（嫁姚文鳌）	共同守城、诗赋往来、儿女亲家、张家女儿嫁入姚家	姚孙森、姚孙棐、姚彦昭	十一世
九世	张英、张茂稷、张秉贞女儿	张家拜师姚家、张家娶姚家女儿、张家女儿嫁入姚家、儿女亲家	姚文然、姚文燮、姚文燕、姚究、姚孙森女儿	十二世
十世	张廷玉、张英长女、张英次女、张廷瑑、张廷璐、张廷璂	张家娶姚家女儿、张家女儿嫁入姚家、儿女亲家	姚文然女儿、姚士封、姚士黉	十三世
十一世	张廷玉两个女儿、张廷瑑女儿	张家女儿嫁入姚家、儿女亲家	姚孔鋠、姚孔錬、姚孔鈜	十四世

可见，张、姚两家世代通婚，彼此联络有亲，关系十分密切，以至于清代官场有这样的说法：“桐城张姚二姓，占却半部缙绅。”这些都是后话，眼下的张秉彝夫妇对张英新娶的妻子十分满意，因为姚孙森的女儿不仅长相面善，而且很会持家，与张家的治家之道极其契合。

具体而言，张英这位新娶的夫人十分俭朴，不喜欢珠宝首饰、绫罗绸缎，经常穿一件青绢做的旧衣衫。此外，张姚氏还长于家务，洗衣做饭都是亲自动手。更难得的是，张秉彝夫妇经常做善事，在荒年施舍饭食，“全活甚众”，而姚氏也是个慈善之人，对这些事情十分热衷。她还常年茹素，积善积德，自然得到张秉彝夫妇的喜欢。

张英也很喜欢自己的妻子。这位生于崇祯十三年（1640年）的新妇，虽比张英小三岁，但很擅长作诗，能够与张英“酬唱闺中”。“绿衣捧砚催题卷，红袖添香伴读书”，在张英就学或打铁归来，有姚氏相伴，是难得的放松和享受。更令张英欣赏的是，姚氏为人低调，即使写了《含章阁诗钞》，也不以自己的诗才自夸，被人称赞为有“敬姜之遗风”。

由张英的妻子姚氏、张秉文的妻子方氏和张秉彝的妻子吴氏，我们大概可以总结出一些张家娶妻的基本原则。

首先，张家的媳妇都是世家出身。张吴氏的曾祖父是方伯公吴堂，祖父辈有官至河南布政使的吴一介，伯父吴应宾是翰林院编修。张方氏的父亲是大理寺卿方大镇。事实上，方家从元朝开始，就代有功名。另外，她的家族还形成了一支易学学派。张姚氏的父亲姚孙森是龙泉县学博，伯父姚孙棐是兵部职方司主事，兄弟辈中姚文然做官做到刑部尚书，姚文燮做到开化府同知。事实上，姚家自明代景泰二年（1451年）姚旭中进士后就开始发迹，在桐城十二名门世家张、姚、马、左、谢、施、方、都、戴、陆、何、叶中位列第二。

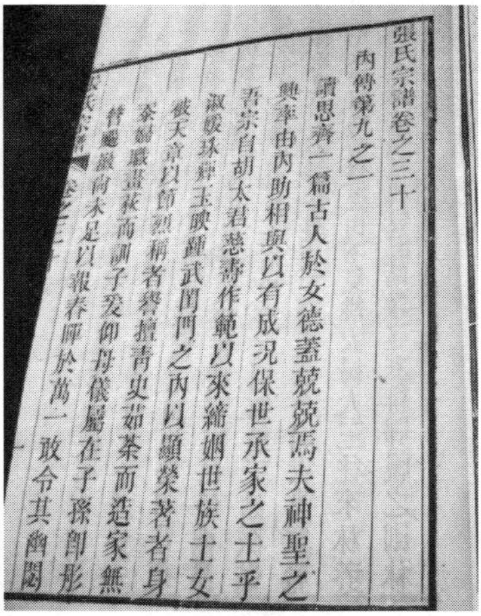
張氏宗譜卷之三十
內傳第九之一
讀思齊一篇古人於女德蓋兢兢焉夫神聖之
興率由內助相與以有成況保世承家之士乎
吾宗自胡太君慈壽作範以來締姻世族士女
淑媛[illegible]玉映踵武閨門之內以顯榮著者身
被天章以節烈稱者聲擅青史茹荼而造家無
[illegible]嚴畫荻而訓子爰仰母儀屬在子孫即彤
[illegible]未足以報春暉於萬一敢令其幽閟

《张氏宗谱》中的《内传》

据统计，桐城张家在老家婚配的有137对夫妇。其中，张姚联姻43对、张方联姻31对、张吴联姻32对、张左联姻17

对、张何联姻11对，五家的联姻就占了134对。在这些世家大族中，姚氏、何氏、方氏不仅在桐城，甚至在全国的影响都是比较大的。总之，张家的原配夫人几乎个个出身不俗。

其次，张家选媳都首重德行。吴氏一族，也就是张英的母族被称为“世有女德”。张吴氏经常和丈夫张秉彝一起接济他人，颇有善行。张姚氏和张方氏的故事在前文已述，二人都被记入方志或笔记中的“列女”里，足见她们的贤良淑德。

再次，张家的原配夫人都善于持家教子。张英的母亲选择良师来教子读书，并把自己的簪子、耳环都放入学费之中，最终培养出了张家第一位宰相级人物；张英的大伯母教养出了张克俤等人；张英的夫人养育了张廷玉等兄弟。由此，足见张家媳妇们的蕙心纨质。

最后，张家妇孺都读书明理。张方氏和张姚氏都有著作传世。张吴氏能教养张嘉、张英诸兄弟，又出自书礼世家，不识字是不可能的。她至少对“女四书”非常熟悉，才像是麻溪吴家教导出来的女儿。

俗话说，妻旺家兴旺，张家在一批蕙心兰质的优秀女性的操持下，整个家族顺利地从朝代更迭的低谷中恢复过来，变得欣欣向荣。但就在此时，一个噩耗从北京传来。

第二节　科举路上的风雨

顺治十二年（1655年），时任兵部尚书的张秉贞逝世。

这个消息太突然了，张家上下几乎都没反应过来。

一是因为张秉贞的年龄并不算很大，作为张士维弟弟张士绣的儿子，张家排在他前面的哥哥们，除去张秉文，都还健在。

二是因为张秉贞的发展很顺利，他在顺治十年（1653年）升任了兵部左侍郎，很快就做了刑部尚书，顺治十一年（1654年）更是做了极有实权的兵部尚书，几乎所有的张家人都在期盼着他“百尺竿头，更进一步”。在这种情况下，张秉贞的死亡让人颇觉得意外。

张秉贞墓碑

明眼人都知道，要想保住家族地位，跻身桐城世家的张氏，无论如何都需要在朝为官的、新的张家代言人。于是，子弟们的科举读书事，更加需要举族之力。这是日后至关重要的一步，可暂且不提。眼下的张氏一族，必先要处理的是张秉贞的身后事。

祸兮福所倚

在震惊和难以置信的情绪过去后，张家上下按部就班地开始了丧事的办理。此时，已经63岁的张秉彝老泪纵横。当张秉贞的棺椁由京师运回故里时，张秉彝领着全家老小出门相迎。所有谕令规定的丧葬仪式及其相关典礼，都有张秉彝在左右协助。他虽然悲不自胜，但言辞举动都符合礼仪的要求。众人对张秉彝的言行无不心下赞叹。时年18岁的张英，对自己的老父也是暗自佩服。

张英心里清楚，张家目前正处在一段关键的转折时期。倘若跨不过去，不仅张家在桐城的世家位置不保，他的兄弟、子侄们再也无法与其他世家联姻，而且叔父的一些反对者也有可能对张家不利，毕竟张秉贞降清招致了不少非议。但此时的情况是，他的老师姚文然在顺治十年（1653年）乞归，他的哥哥们则是喜欢乡居，并不热衷仕途，他的堂兄弟们，比如张秉贞的儿子张茂稷，因父辈们的遭遇，对政局早已心不在焉。张茂稷所写的《读史偶感》，就足以代表部分张家人的态度。诗是这样写的：

李陵心事久风尘，三十年来讵卧薪？
复楚未能先覆楚，帝秦何必又亡秦。
丹心早为红颜改，青史难宽白发人。
永夜角声应不寐，那堪思子又思亲。

张英能想到的，已过耳顺之年的张秉彝又怎么会不清楚呢？因此，张秉贞的葬礼结束后，常年打铁、身体强健的张秉彝仿佛一下子老了很多。他好像忽然发现，这辈子还有很多事情没有处理完。他把儿子们叫来，告知了张家的现状后，就准备拄杖出游。谁知，还未成行，就又一噩耗传来。

在张秉贞谢世后一年，张秉哲也突然命赴黄泉。张秉彝按照上古丧礼，把珠贝放入遗体口中，然后放声痛哭，直到天亮。他原本以为，将会是兄弟们主持自己的葬礼，送自己上路的，没想到反而都走在了自己的前面。张秉彝在儿子张英的搀扶下，哭得撕心裂肺。

此时的张英，作为还未分家的儿子，在帮着料理丧事的同时，还要服侍张秉彝等长辈。在遍看人情冷暖时，张英最关心的是张秉彝的健康。在张秉哲入土为安后，张秉彝将养了数月，方才好了一些。

次年，张英的长子、张秉彝的孙子张廷瓒出世，让张秉彝在欢喜之余，慢慢养好了精神。他已经60多岁了，而他的父亲、张英的爷爷张士维，也不过活了67岁。在经过仔细考虑后，张秉彝把张英叫到了跟前："你已经及冠，是成人了。从此就分立灶户，自家单过吧。"之后，张秉彝便带着堪舆家，也就是民间俗称的"阴阳先生"，策杖进山。

张秉彝孝友纯笃，他在60岁后屡次进山，为的是给自己的亡母、张英的祖母寻找合适的墓地。古人非常重视墓葬的格局。前文提到的晋代郭璞，就写了《葬书》，来阐述墓地风水对人们的影响。书中认为，如果先人的坟墓在生气环绕的地方，那么子孙后代就会兴旺富贵。张秉彝年老后精研"性命之学"，又对战乱葬母留有遗憾，自然对亡母的迁葬十分上心。他“遍历山水”，终于找到一块风水佳地，四周松树和楸树环绕，草木都生长得茂密葱郁。很多人对此非常羡慕，认为张家得到了好福气。但是，知情的人并不嫉妒，都认为是张秉彝的“积诚所致”。在张家的多事之秋，张秉彝的作为，对其余的张家人来说，也是一种安慰。

事实上，在张秉彝之后，张英和张廷玉对自家的坟地也都很重视。但人们发现，张家在这方面的观点，与一般人不同。张廷玉在《澄怀园语》中说：“人之葬坟，所以安先人也。葬后子孙昌盛，可以卜先人坟地之吉祥。若先存发福之心以求吉地，则不可。”也就是说，张家会客观地去寻找合适的墓葬地，而不会为了后人富贵，刻意地去寻找风水宝地。可见，张家人选择坟地的出发点，优先考虑的是孝道和祖宗。

也许真的是先祖护佑，没过几年，在康熙二年（1663年）的时候，时年26岁的张英中举了。在清代，乡试中举者称举人，也叫“孝廉”。可以免税、见知县免跪，并被人称为“老爷”。更重要的是，举人作为一种出身，初步具备了入仕资格。所以，《儒林外史》中的范进才会因中举而欢喜得发疯。当然，张英的目标远远不是中举这么简单。众人认为的福气，在张英看来不过尔尔，他真正视为福气的，是自张秉贞去世后的这些年来自己得到的历练与体验。

披云朝出耕

从顺治十二年（1655年）到顺治十四年（1657年），桐城张家接连送走了张秉贞和张秉哲。张秉彝在心境平复后，让张英分立炉灶，分家单过。21岁的张英，没有继承他父亲打铁的手艺，也不懂耕种稼穑的技艺，却必须开始管理庄田，承担养家的责任了。

这让张英压力极大，因为这个时候，正是张英田地里的出产卖得最贱的时候。而且，还有一些用心不明的人前来打听：“听说您家分家了，请问张老爹给您银子了吗？”张英如实回答说：“只有田地而已。”问话的人顿时没有了兴致。张英也略带点遗憾地说：“田产不是不好，只是苦于遇到急事的时候，比较难以出售罢了。”谁料想，张英这话竟一语成谶。这是后事不表，眼下的他却看着别人家的僮仆和佃农若有所思。

原来，张英作为大户人家的小少爷，自然不用亲自耕作，但是计算着自家田地里的出产孳息，他便有些焦急。然而，田产又不好变卖，就需要保产，保产就意味着使尽地力。对这些事情不了解的张英，只得通过查访其他人家的保产之法，来经营自己的田地。

张英在观察中发现，主人即便是再有心计和力气，决定田地好坏的，还是佃农。好的佃农有三种表现：一是及时耕种；二是善于养护；三是存水、放水都有分寸。坏的佃农的表现则相反。虽然在丰饶的年份，好、坏佃农的成果差异不大，但是碰到干旱之年，二者的差距可能会有两倍。然而，有些人家的僮仆在管理庄田事务时，每每喜欢坏佃农而不喜欢好佃农。因为，好的佃农多数家境殷实，比较讲究体面，不爱谄媚他人，而且性情耿直、质朴，饮食节俭，不怎么爱听僮仆的指使。坏佃农的做法则完全相反，任凭僮仆安排，甚至供应僮仆大吃大喝。这将极大地损害主人家的收益。

经过细致的调查与分析，张英认为，世家子弟在分得田产后，要常常去自己的田地里照看一二，在读书的同时，不能四体不勤、五谷不分。但仅仅做到这些，就够了吗？

一天，张英自田里返回，入城时，他遇到一些朋友。大家彼此作揖行礼后，纷纷问候对方的行踪。这个人说："我到田里实地考察去了。"那个人说："我在田产的边界，巡行了一圈。"只有张英不懂疆界、不懂林木、不懂田价，只得说："我也从村庄里回来。大家都一样劳苦了。"就这样没有目标地来去，让张英觉得一点益处也没有。而大家都懂经理田产，自己却糊里糊涂，这让张英非常沮丧。即使过了几十年，张英仍旧为自己在朋友面前的表现而深深后悔。他特意把这个年轻时的小插曲记录进了家训，并总结了管理庄田的五个须知。

一是要知道田界。即使不容易辨别，也要请老农指点给自己。如果一次记不住，就多问几次，不要怕被人讥笑而不愿询问。不然，有可能终身都不知道自己的田产边界。

二是要考察农夫干活的勤与惰、耕种的早与晚、积肥的厚与薄、人畜的多与少、用度的俭与奢，对于佃农治理田地的优劣要心中有数。

三是要仔细查看塘堰的深浅，以及其坚固、损坏的程度，这样才能确定僮仆上报的修整意见是否可以批准。

四是要查看田产中山林树木的生长情况和损耗数量。

五是要查访稻谷当时的价格高低，一定要真正知道和确实看到。如果只是听信僮仆的一面之词，在茅檐下简单坐一坐、吃点东西，眼睛看不到田畴，脚步迈不到阡陌上去，怎么能不被欺瞒呢？

最后，张英还考虑到世家子弟的抵触情绪，特意在家训中告诫儿孙："细思此等事，较之持钵求人，奔走嗫嚅，孰得孰失，孰贵孰贱哉？"也就是说，如果不爱学习管理田产的方法，就好好想想求人之苦，想想自己的脸面，就知道该怎么选择了。

总之，解决了温饱问题，还能有所收获，张英把自己读书的经济基础打得很牢固。让后人特别重视的是，在张家的多事之秋，在管理家业的同时，张英还能念好书、作好文，顺利地考到举人，是有自己的一套学习方法和读书观点的。

带月夜归读

张英认为，做人首先要读书。

在经过治产的历练后，张英对读书的目的看得更透彻了。他体悟到，对于一般人而言，不论贫富，不论功名，读书都是受人尊敬的行为。对于世家之人而言，更是“家无读书子，官从何处来”。没有读书人，家族就会走到尽头；有了读书人，家族就会走向兴盛。张英常说的“读书者不贱”，不是专门针对科举功名来说的，而是更多地从个人发展和家声继承的角度来探讨的。

其次，张英对于什么年龄读什么书，也有自己的看法。他认为，20岁以前和20岁以后的读书效果是大不相同的。幼年的时候天真纯洁，记忆力强，所读的书，虽然长期不看，但是偶然提及，还是能够背诵出来。壮年时所读的书，大概一个月就忘记了。所以，对于六经及一些秦汉时代的文章，词语古雅深奥，必须在幼年时读，否则，长大以后，即便花费几倍的功夫，也未必记得住。张英还认为，幼年时读的《诗经》《尚书》《周易》等书，如果在十八九岁参加科举考试时不复习，反而丢在一边，就好比把珍珠搁在口袋里，需要时不知道去取，却向别人乞食一样。

其三，张英非常重视背诵的作用。他认为，对于读过的书，绝不能轻易丢弃。读的时候不贪多、不贪名，但读完一篇，一定要能达到背诵的程度，然后去理解其中的含义，并在自己写的文章中加以发挥，才算真正读了这本书。如果读了一本书，却一个字也说不上来，就是画饼充饥。

其四，张英注重对书籍语言文字的把握。他认为，《论语》一书的文字，精妙得如同天工模物，简洁古朴，高度概括而又兼顾情理。语句更是言近旨远、言简意赅。《大学》《中庸》的特点是广阔而又精细入微。《孟子》一书是雄奇博大、变幻多彩。从秦汉以来，还没有能超过这些书的。很多读书人往往只是熟读这些书，却不省察其中的文字，也就不知道书中章法、句法的奥妙。所以，读书人一定要对这四本书细心咀嚼。

其五，读书与科举密切相关的还是作文。张英认为，文章要多写多练，才能达到才思自出、纯熟自然的地步。读文章不一定要很多，但要选择精当纯正、流畅有格局的来读。多则100篇，少则60篇，要真正消化了，才能有益处。

总之，经过田间杂务、人情往来的洗礼，年近而立的张英，已经认识到了“富贵两字，暂时之荣宠耳”，要让家业长久、子孙发达，“毕竟是耕读两字”。

正是依靠下田锻炼的健康身体和苦读摸索出的学习方法，再加上天资和勤奋，张英在中举后的第四年，高中二甲第四名进士。

也就是说，在康熙六年（1667年），即康熙皇帝亲政的这一年，张英可以入朝做官了。亲政与入仕年份的相合，似乎暗示了未来君臣合作的顺利。这是后话，眼下的张英对自己的成绩也感到满意，因为二甲第四名，意味着在全国会试中，他考了第七名。这个成绩，成为桐城张氏最新的考试纪录。上一位成绩最好的考生是张英的族叔张秉贞，他考了二甲第五名。当然，这个纪录在未来的岁月里，还会被张家子孙们刷新。但是，在张秉贞去世的十多年里，这是张氏一族最喜悦的一件事，张家上下自是鼓舞欢欣。

然而，欣喜之余，张英却不得不面对自己的债务问题。

卖地为进京

在清代，参加会试是需要经济基础做后盾的。按照距离京城路途的远近和曲折，举子们的考试成本也大不相同。距离稍微远一点的，甚至要提前一年做准备。桐城到北京有两千多里的路途，显然更加需要精心筹划。

虽然举人进京赶考的待遇是一次次在提高，朝廷会为一些考生提供"公车"。但是因天气、疾病等意外因素，很多举子还是会自行安排乘船、骑马等事宜。有些家庭条件不是很好的考生，甚至会选择步行与"搭车"。因此，"穷家富路"成为了大家的共识。在临行前，举子们往往会准备足够的盘缠与应急备用金，有些人还需要为家人留下必要的生活费用。

张英自然也不例外，但是他的经济情况并不理想。我们在前文就已经提到过，在顺治十五年（1658年）张英21岁的时候，他就脱离开张秉彝分门立户了。年轻的他，刚开始时不擅长管理田产，又忙于读书，并不十分富裕。

在张英中举后的第二年，也就是康熙三年（1664年），时年27岁的他又得到了父亲分得的田产150亩。但是，正如张英当初所预言的“田非不佳，但苦急切难售耳”，当他因会试而需要用钱的时候，田产却一时半会儿无法脱手。张英只得选择借债这一条路。

他无法跟自己的父亲开口。一是因为张秉彝早已过了古稀之年，用这些事情去烦扰他老人家，实在不孝。二是因为张秉彝正在做一件事，一件对张家而言是功在当代、利在千秋的事情——修家谱。

张秉彝广泛搜集先祖的行状、志铭及世系图，从始祖到张家的十二世子孙都做了考证。其余关于坟墓、祭礼、列传、外传的内容，也都记入新修的家谱里。张秉彝还召集族人，宣布说：“吾家累叶以来，兢兢惟耕读是务。洎大参公登仕版后，实能以忠贞孝友世其家，子孙奉先人训言，以无自陨越，此吾作谱之志也。”也就是说，他重修家谱的目的，是希望族人能继续重视耕读、孝顺友爱，并且不要忘记祖先的训诫。

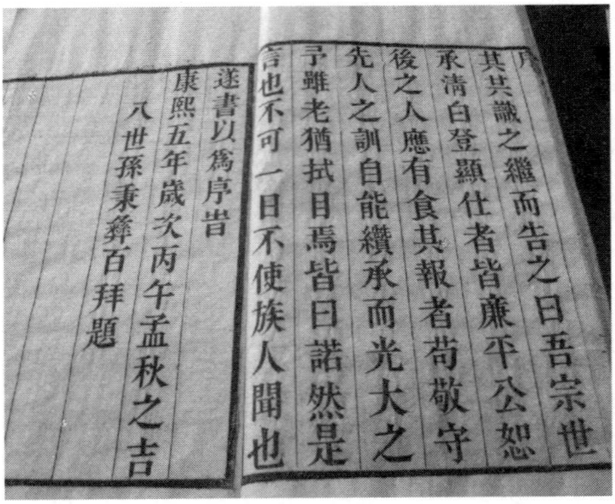
其其識之繼而告之曰吾宗世
承清白登顯仕者皆廉平公恕
後之人應有食其報者苟敬守
先人之訓自能纘承而光大之
予雖老猶拭目焉皆曰諾然是
言也不可一日不使族人聞也
遂書以爲序昔
康熙五年歲次丙午孟秋之吉
八世孫秉彝百拜題

八世张秉彝1666年为《张氏宗谱》作的序

张秉彝此举自然受到张家的全力支持，因为一部家谱就是一部家族史，有家谱的人才有根。所以，谁都不愿意在这个时候打扰年迈的张秉彝，张英自然也不例外。

张英还不能跟自己的老师借钱。因为在会试的前一年，也就是康熙五年（1666年），姚文然起复做了户科给事中，比张英还要早一年进京。

无奈之下，张英只得跟隐居的哥哥与一些朋友借了一笔钱。对于自尊自立的张英而言，也许会有“行行至斯里，叩门拙言辞”的尴尬，但是能够避免囊中羞涩，总归是一件令人安心的事情。

谁知，当张英考中进士，并被选为庶吉士后，却发现生活开销依然不足。不只是因为他家要新添一个小生命，更因为清代的京官并不比明代的京官好做，同样面临着俸禄低的状况。有人可能会有疑问，清代的官员比明代官员收入高，康熙年间的最低物价也比万历年间低，怎么能说清代官员没有明代官员好做呢？

首先，我们可以肯定，这个问题问得很有道理。按照《大清会典》中“在京文职”的“俸饷”规定，官员俸禄为：一品岁支银180两，二品150两，三品130两，四品105两，五品80两，六品60两，七品45两……此外，“京员例支双俸”，即在上述俸银之外加发同样数目的薪水。这么看来，清代的二品官能领300两年俸，比明代的二品官的全年俸银几乎多一倍。与此同时，依据清初学者叶梦珠的笔记记载，在康熙二年（1663年），也就是张英中举的那一年，上海的米价大概是每石0.9两银子。等到张英中了进士，米价就不断下跌，到了康熙八年（1669年）跌至最低为每石0.7—0.8两银。与明代《万历会计录》记载的粳米大概每石折银1两等价格做比较后，似乎是清代官员过得比较好。

其次，我们要清楚，清代的物价，特别是清代前期的物价波动非常厉害。由于自然灾害、疫病和战争的影响，米价常常突破每石1两银子。顺治年间，甚至出现过6两银子一石米的行情。这都让官员和百姓们不得不精打细算、积谷防饥。

最后，清代“银贵钱贱”的现象很严重。1两银子应该兑换1000文铜钱，但是康熙年间战事多发，如康熙初扫除李自成余部及南明小朝廷的战役，随后开始的平定三藩的战争，以及之后对台湾和西北的用兵，都需要耗费大量钱财。这些事件造成的人心浮动，使得1000文铜钱只能换5钱、4钱甚至3钱的银子。于是，老百姓们都把银子藏起来，静观时局之变。而市面上的康熙通宝开始贬值，物价就噌噌地上去了。

所以，康熙年间的江苏巡抚汤斌，因为吃野荠菜烧豆腐羹而被称为“汤豆腐”，真的不是在作秀，清官就只能这么苦，而且还不能提高家人和仆役的待遇。按照张英当时的上级翰林院编修查慎行《南斋日记》的记载，那时候轿夫的年薪都是纹银12两加人情来往的铜钱赏赐了。所以康熙皇帝去世后，雍正皇帝不得不特设“养廉银”来保证官员的生活水平。因此，何刚德在《春明梦录》中感慨“京官量入为出，不能不斤斤计较也”，说的确实是实情。

在这种经济形势下，不说官员，地主和平民的日子也并不很好过。所以，在张家积德养福氛围中熏陶出来的张英，就想尽快还掉自己的债务。但是，他要接妻子儿女进京，要考虑未出生的小宝贝的生养费用，还要考虑初入官场的人情应酬，需要远远超出自身收入的银钱。

结果，张英做了一件事，让自己后悔了30多年——他卖掉了150亩的田地。

谋生在田产

事实上，张英的田产要远比这150亩多。康熙六年（1667年）卖的这些地，是康熙三年（1664年）张秉彝71岁时，张家第二次分家分给张英的。在16年前，也就是顺治五年（1648年）张秉彝55岁时，张家就分过一次家，那次分给张英350亩田产。只是由于当时的张英年仅11岁，这部分田产一直到他21岁分家时，才交给他打理。也就是说，张英原本继承了500亩的田产，后来卖掉了不到三分之一的地。

这就让外人很不理解，中进士后的“卖地”事件，怎么会让张英后悔数十年呢？

张英曾经抱怨过，田产在急用时不好脱手。等他到了晚年，却认为这恰恰是田产最大的优点。他总结自己50多年来的见闻，发现卖田的必穷，保田的必富。他终于理解了父亲张秉彝分家时的做法。他分析道：分家的好处就在于不分银钱。如果分家后乍富，子孙难免养成大手大脚的花钱方式。这种习惯一旦养成，过了一两年后，所分的钱财用尽，还怎么来养活自己呢？分田产的妙处就在于一时卖又卖不出去。如果容易卖，就会很轻易地拿去换钱，也就起不到预防奢侈靡费的作用了。这是田产的第一大好处。

田产的第二大好处是便于传承。张英认为，《孟子》一书的精髓有很多，归根结底，谈的还是土地。他在读《苏长公集》后，认为苏东坡在《游金山寺》等诗中都谈到了田地的重要性。所以，张英觉得，有些人以名士自居，而不从事家庭生产，到头来谋生无策，是犯了孟子所告诫的错误。天下的东西，有新必有旧。房子用久了会倒塌，衣服穿久了会破旧，只有田产，能百年、千年地永葆长新。甚至于国家的版图会发生变化，县官也会常常更换，但是田地的位置不会变。即使因为逃荒等原因，田间长了杂草，只要人们回头来好好地开垦养护，还能继续出产粮食。

田产的第三大好处是易于存护。俗话说，不怕贼偷，就怕贼惦记。家里的财物多了，难免要操心水火盗贼之事。如果藏有奇珍异宝，还可能招来灭族之祸。只有田产，不怕水火不怕盗贼，即使有万钧之力也无法把它搬走。有时候，千万顷的土地价值万金，却不需要一个人守护。即便是主人因战乱背井离乡，等到事情平定回来，土地还是自己所有，经过精耕细作，田产所有者还是可以成为富裕的人家。张英经过比较，发现天下物品容易保存的程度，还真没有能超过田产的。

田产的第四大好处是获益持久。张英在同各地的朋友闲聊时，最爱打听土地物产所出。他发现，虽然田产收益微薄，比做买卖的利润低多了，但是田产的租息，虽然月计不足，年计却有余；即使年计不足，世计还是有余的。人们经常看到有些人家的子弟，因为厌恶田产的收入微薄，而卖掉田地去做生意，结果多是竹篮打水。所以，张英教育族中子弟，千万不可以做这种蠢事。

田产的第五大好处是纠纷稀少。张英有位好友叫陆遇霖，这个人通晓世事，擅长经济。有一天，当张英和他谈论谋生之道时，他沉思了很长一段时间，才郑重地说道："我也算有些人生阅历，看到那些以典当交易获利的人家，没有不久而不败的。那些出租房子的人，每到年末就派人去催讨房租，常常因此而打官司，甚至招致祸端。但是田租却和这些不一样。

田地主人的子孙，虽然生得单薄或者懦弱，带着的仆人也只是穿着青鞋布袜，没有车子，只能打着伞去农夫家收租，但是，佃农不能小瞧自己的东家。秋收之后，佃农也必然先交租，再偿还自己的其他债务。因为东家收田租，是取其所有而不是取其所无，所以较少发生矛盾。通常来讲，乡下种田的人也比城里做生意的人要淳朴，因此，经营房产不如打理田产好。”张英听了这话，非常信服，他特意把二人的交谈记载进了《恒产琐言》里。

虽然田产有这样的许多好处，但是张英再也不能把卖掉的田地给赎回来了。因为他后来做了大官，考虑到声名和其他政治因素，就不便于赎回。所以，张英后悔地叹息：“予四十以前，全不知田之可贵。”

其他的理财方式暂且不论，单看对田产的处理，大家就都对一个现象不抱疑问了，那就是为什么张家人能以“清慎”闻名了。类似海瑞，以及前文提到的“汤豆腐”这样的清官，只是极个别的案例。如果没有一定的经济条件做支撑，就明、清官员的薪俸待遇，普通官吏是很难养得好父母妻儿的。从这个角度出发，善于理财，真的是做清官的一个必要条件。

张英的理财经

我们遍览历代家训，把家庭理财像张英这样写给后人的，真是凤毛麟角。这大概也是张家能出“父子宰相”并成为仕宦大家的原因吧。毕竟，没有皇帝喜欢贪官，特别是康熙皇帝这种对官员的道德怀有理想主义的帝王。

总之，多干实事、少吃皇粮还不抱怨，大概是每个帝王级的老板都喜欢的员工。而张家的理财观念和处事方式，恰恰适合培养这样的皇家职员。

事实上，张英除了对分家分田颇有见地，在其他治家理财、开源节流方面也很有心得。

第一是买田可买瘠田。张英在收入增加后，买了一千多亩田，都是比较贫瘠的土地。他并不是不喜欢肥沃的田地，而是财力不允许。他仔细计算了一下，肥田的价格是瘠田的几倍，但是遇到灾年，肥田也会减产；而遇到丰年，瘠田也有收成，而且田租加起来比肥田还多。肥田的优势主要在于变卖时可以卖高价，但用于日常生活，和瘠田没有太大区别。而且肥田一旦管理不善，不用几年就会变成中田，再过几年就会变成瘠田；而瘠田如果养护得法，慢慢也能变成中田、肥田。所以，田地的肥沃与贫瘠反而是次要的。

有时候，上好的田地往往被人觊觎而招致麻烦。后代子孙们卖田，也通常先挑好的卖，这些都是肥田不如瘠田的地方。张英还经常见到这样的情形：一片荒瘠的土地，住进一两个老农后，开辟田界、修筑池塘，很快就变得庄稼茂盛、苗木葱郁、房屋整齐、竹林环绕，俨然是一份上佳的产业。

第二是采用陆梭山量入为出之法。张英认为，卖田的根源在负债，负债的根源在浪费，而浪费的根源在于不懂得量入为出。要想除去卖地的根源，首先要懂得计划开支。张英特意采用了陆梭山治家的方法。

具体的做法是：把一年的总收入减去公用费用，剩下的分成三份。这三份中留下一份预防荒年，另外两份分成十二份，一个月用一份。如果常年丰收，就用古人耕种三年留下一年储备的方法。如果碰到一年歉收，就用一年的储存补充，连年歉收，就用历年的储备补充，这样才不至于去借债。陆梭山量入为出之法十分详细，即使田产不多的人家，也可以按照这个方法来做。如果一定要等到富裕才采用这个方法，就错了。

第三是婚嫁、宴饮的花费要合理。张英认为，子女婚嫁只能用丰年积累下来的积蓄，要根据家庭的实际能力来筹办。如果为了一时的虚荣，卖掉了世代为生的田产，是再愚蠢不过的事情了。难道婚嫁以后，就不吃不穿了吗？除去婚嫁等人生大事，在请客、应酬、宴会等人际往来方面，一定要节俭，把省下来的钱用来接济贫穷的亲戚，心里才会觉得坦然。

第四是日用要节俭。张英和他的夫人姚氏都不喜欢绫罗绸缎。张英觉得“夫古人至贵，犹服三浣之衣”，也就是说最尊贵的古人，尚且会穿多次洗过的旧衣服，那么他自己的衣服材质也要普通。他不喜欢锦缎，因为不可洗、不可染，价格还是普通丝制品的六七倍。张英也不爱吃人参，他认为人参不过是药品，用来救急是合适的，但是为了补气血而变成日用寻常之物，就不值当了。

第五是家中不富，选择乡居。张英认为，家中必须有二三千金的田产，才能到城里居住。因为只有这样的家底，才能保证年成歉收的时候，也能应付城里的日常开支。如果只有千金以下的田产，还是住在乡下比较好。因为乡下的鸡鸭鱼肉、蔬菜柴火都不用花太多钱，亲朋好友的应酬比较少，也不必太讲究。而且，在家乡一边耕种一边读书，再请先生教孩子，也是很清静的。张英特别羡慕自己的二哥张载。他隐居在嬉子湖境内的松山，用度并不丰厚，但是比很多城里有千金之产的家庭显得更加充裕，而且他身处山水之间，尽享悠闲自得的乐趣，丝毫没有困窘的忧虑。

就这样，张英把亲友的理财方法和自己治家的经验进行总结，写入了《聪训斋语》和《恒产琐言》中，留给后人作为齐家的参考。

人们常说，好的开始是成功的一半。张英在入仕之初，就能有比较好的理财方法，基本上为他日后的平步青云打下了扎实的经济基础。更何况，他还有其他方面的支持呢。

第三节　华盖之下有翰林

俗话说，家和万事兴，有懂人情、明事理的家人做后盾，做官的人即便不是飞黄腾达，也往往能受到上司的欣赏，比较容易得到升迁的机会。张英就是这样一个幸运的人。

亲人的叮咛

前文说到，张英考中进士后，在翰林院做了庶吉士。

庶吉士这个官职是明代最初设立的，隶属于翰林院，一般选录进士中擅长文学和书法的人担任。到了清代，沿用明制。进士殿试唱名后，再试以论、诏、奏、议、诗、赋，择其优秀的人员为庶吉士，通称"庶常"。这些人在翰林院入馆学习，每月要被考查学业。三年期满后，庶吉士还要参加诗赋考试，经过觐见皇帝后，才按等第分别授职。可以说，张英这三年，就好比今天的一些研究生或见习生，既要养家还要学习，日子过得是既苦又穷，有些时日甚至到了需要典当的地步。

这时候，有人出于好意或者是拉拢之意，私下带了千金来见张英。张英秉承着张家自张淳那一辈以来的一贯作风，恭敬地接待了这人，并在知晓来人的意图后，淡笑着行礼致谢。

回到家中，张英看着比在桐城老家更为俭朴的夫人，看着忙里忙外无人服侍的妻子，看着一身青衣数年不换的孩子们的娘亲，不禁微感鼻酸。他叫住自己的夫人，把刚才的事情一五一十地讲了出来。谁知，还未说全，就见一向温婉的夫人变了脸色："贫穷人家得到五金、十金的馈赠，家里的童子仆人都会欣喜地往来相告。我们如今无端得到千金，肯定有人知道。被人问起这是从哪里来的，我们难道不会感到羞愧吗？"张英含笑说："你放心，我已经拒绝了。"

有如此心意相通的伴侣，张英的内帷自然严谨。张家是绝对不会出现像何如宠与何夫人那样全家贪睡、无人待客的情形。

不仅张夫人全力辅佐自己的丈夫，张秉彝也时常提点自己的儿子。在张英做庶吉士的第一年，张秉彝就多次派人带口信说："儿子你能走到这一步，是祖先们累世积德的结果。你要更加勤勉努力，不要给祖宗们蒙羞啊。"后来张秉彝还特意给张英寄了一本倡导行善积德的书，并在后面附了一封信。信中告诉张英："这是《太上感应篇》。我近来对它爱不释手，特意寄给你，你也多看看。见了这书，就像见了我一样。"张英自然珍视非常，把这本小书保存得完好如初。

在收到父亲带来的礼物时，姚氏也带来一份珍贵的"礼物"。张英最有才华的女儿张令仪出生了。这位写作了《蠹窗诗集》《锦囊冰鉴》，工擅花卉、作品秀雅的大才女，在康熙七年（1668年）时也只是个嗷嗷待哺的小婴儿。

面对着粉团儿一样的女儿，张英感到肩上的负担变得甜蜜而沉重。他虽还未升到高位，但前辈们的经历早已让他知晓了宦海波涛、官场鬼域，倘若稍有不慎，就会牵连自己的妻子儿女。就算不为自己着想，要为儿子能娶个好妻子，女儿能嫁到好人家，他也不能行差踏错。从这点考虑，还不会说话的小女儿，对张英而言，何尝不是一种无声的叮咛呢?

总之，在外有上司赏识、内有家人支持的情形下，张英踏入仕途的脚步是十分的稳当。但就在美好前景即将展开时，张英却不得不离开北京。

丁忧避风云

在张英的女儿张令仪出生的那一年，张秉彝去世了。按照律法规定，张英必须从得知丧事的那一天起，回到祖籍守孝27个月，这叫“丁忧”。

丁忧不报者，会得到革职的处分。但是对张英而言，他宁可被革职也不愿意听到父亲离世的消息。嬉子湖畔的笑声仿佛还在耳边，父亲寄来的《太上感应篇》还在案头，这一切都让张英无法相信张秉彝的离开。更何况张英的八弟张芳才刚刚五岁，七弟张夔也尚未成年，张英觉得父亲一定舍不得自己的孩子们。眼睁睁地看着老家的传信，他几乎彻夜无眠。

天亮后，张英先向上级呈报说明，然后申请办理归乡执照，接着与同僚处理交接事宜，最后简单地收拾了行囊，离开居住了一年的新家。

一路上，张英经常无法合眼。他好似看到父亲的身影依旧在领着自己前行。在他的眼里，张秉彝依旧披着那件常穿的羔皮裘衣。那件洗了补、补了穿，穿了30年还舍不得换的旧衣，似乎成了孩子们眼中父亲的一个标志物。

正是那个穿着旧羔皮裘衣的背影，在灾荒之年，熬粥糜、救乡亲；正是那个用羔裘扇风的身姿，在湖畔烧火炉、打铁砧，撑起了一家人的生计；正是那个披着羔羊皮敝衣的身影，拄杖蹁跹，修亭宅、莳花竹，列图书、教子孙，成为孩子们心中的支柱。

如今，这根支柱塌了，张英也险些倒下。幸好，他有纯孝友爱的兄长，有和蔼可亲的嫂嫂，全家人能勠力同心，一起为父亲料理丧事。

随后，按照古礼，张英和兄弟们吃住在父母灵前，不洗澡、不喝酒、不更衣，停止所有的娱乐活动，为父亲守丧。兄弟们追忆往昔、谈古论今，自成一个平静的小世界。殊不知，外面的天地早已是云谲风诡、形势难料。

在张英丁忧的第一年，康熙皇帝加封鳌拜、遏必隆为太师。同年，康熙皇帝想要巡边，遭到劝止，未能成行。

在张英丁忧的第二年，康熙皇帝将鳌拜擒拿囚禁，诛其党羽；将遏必隆削职夺爵，下狱定罪。同年，康熙皇帝诏复被鳌拜诬罪的官员，并入居乾清宫。

在张英丁忧的第三年，康熙皇帝起复遏必隆，命其宿卫内廷。同时，朝廷改内三院为内阁，复设中和殿、保和殿、文华殿大学士。但是，随着鳌拜余党被清除，中央各部的人才出现空缺。

需要注意的是，这一年，张英最重要的晋升阶梯出现了。

康熙九年（1670年），礼部奉命举行经筵。经筵，是指皇帝为讲论经史而特设的御前讲席。其讲师或者说讲官，称“日讲官”，一般由翰林院学士或其他官员兼任。

同样在这一年，康熙皇帝还设置了起居注馆，由日讲官兼任起居注官。所以，清朝自此多了个“日讲起居注官”的职位。

这是一个与皇帝关系密切的官位。日讲官，要为帝王讲解经史，具有部分“帝师”的性质。而起居注，就是帝王言行录，是修撰国史的基本素材。起居注官，就是记录帝王言论行为的官员，要在帝王的各种日常活动中随侍在旁。当二者合二为一时，这个职务的重要性就不是简单的一加一等于二的效果了。事实上，日讲起居注官陪伴帝王的时间，不比皇帝身边的亲信大太监少。可以说，日讲起居注官就好比今天的“秘书党”，具有光明的晋升前途。

但是，此时的张英，并不敢奢望这样一个升职平台。原因一自然是丁忧，原因二就与朝堂的风云变幻有关了。在康熙除鳌拜的政治变动中，皇帝身边的官吏是绝对不好当的。而丁忧，绝对是官员避开这场风波的最好方式。

许是冥冥中的安排，张秉彝的去世，让张英因丁忧而免去了入仕之初的风险，能够有更加成熟的心态来面对未来的挑战。

时光如梭，张英守丧期满后，很快就被诏回京城，改授翰林院编修，开始了自己的升官路。俗话说，好日子自有好兆头，在张英得到日讲起居注官之前，上天为桐城张家带来了最珍贵的宝贝。

南苑初伴君

康熙十一年（1672年）九月九日，被誉为清代“汉臣第一人”的张廷玉出世了。服丧后降生的第一个小生命，让张英欣喜万分。

也许是这位未来的“宰相”带来的好运，康熙十二年（1673年）春，皇帝亲临经筵，并下了一道用人的谕令，给张英带来了亲近最高权力者的机遇。面对着一众学士，年轻的帝王从容地开口说：“朕欲得文学之臣，朝夕置左右，惟经史讲诵是职。”也就是说，康熙皇帝想要挑选一两个博学多才、文思敏捷的臣子陪在身边，主要负责为自己讲解经学、诵读典籍。人才选拔的标准是“醇谨通达”，也就是说要挑选品性精纯、为人恭谨、学问融通、才识畅达的饱学之士。于是，有人推荐了张英及与其同年中进士的史鹤龄，还有比他晚一榜中进士的孙在丰。

虽然，三人并未很快获得康熙皇帝的认可。但是，张英却自此走进了天子的视野，以翰林院编修的身份，正式开始了陪君伴驾的日子。

这一年，康熙皇帝20岁，张英36岁。

君臣合作的初始，恰好是蕊发莺啼的暮春三月。康熙皇帝在游幸南苑时，命令张英、史鹤龄等人随从。素来谨慎的张英，大概也是第一次踏入这所皇家苑囿。

南苑又称“南海子”，它位于永定河流域，地势低洼、泉源密布，草木繁茂、禽兽聚集。作为元、明、清三代的皇家猎场，晚春的南苑美得令人赞叹。当真是“阳春二三月，草与水同色”。张英等人一路行来，只见“杂英满芳甸”，“晴光转绿苹”。待闻得“淑气催喧鸟”，便瞧见了“宫柳黄金枝”。等行进的队伍停下，张英就知道此次侍讲的目的地到了。

或许是因为南苑新宫相比皇宫更轻松的氛围，张英对自己与帝王的初次亲近接触，并不那么紧张。他甚至饶有趣味地打量了这所晚春胜日中的水泽行宫，并在20多年后依然能清晰地回忆起当时的美景。他在《讲筵应制集序》中记录道：“绿槐高柳，掩映丹甍，千幕周罗，六师环列。”他还写诗道：“圣主时巡因驻跸，侍臣欣得到蓬莱。”

南苑猎场

但这些美景，在帝王的英姿面前，都变得黯然失色。在张英眼里，年轻的康熙皇帝早已展现出了天子的威严与魅力。他心甘情愿甚至是诚惶诚恐地“以书生抱简牍其间”，跟随着一众满族亲贵侍奉在帝王左右。

身为汉臣的张英，很清楚自己作为日讲起居注官的职责，所以，“和风丽日象昭回”的景色入不了他的眼，“游豫欢呼动九垓”的声音入不了他的耳。无论旷衍初猎有多辛苦，他始终留着一分清醒，预备着“行殿深严尚说书”。常常是一大早，张英就来到了为经筵讲官设立的小几旁待命。这种用棐木做的几桌就搁置在帝王的御座边，因此，康熙皇帝在还没入座时，就能看到旁边侍立的张英。

“圣主勤民兼讲诵，儒生报国藉文章”，张英把侍奉经筵作为自己尽忠报国的方式，所以披星戴月，毫无怨言。他为帝王说《孝经》、讲《尚书》，并为儒家经典影响到了皇帝的侍卫们而感到高兴。他写诗说：“喜见《孝经》通卫士，诵声常听满星庐。”这种喜悦让张英的精力更加充沛。除去例行的侍奉行猎、经文讲解，他还能积极地应对帝王授简，随时抽毫作赋，展现辞趣翩翩。但就在尽显才情之时，张英始终保持着为臣的本分，朝乾夕惕、兢兢业业。

“晨则委蛇丹陛，夕则退处直庐”，这种涓涓细流、润物无声式的忠诚很快得到了皇帝的欣赏，于是张英“承颜邀睐，恩遇无比”。

自然而然，晾鹰台上、试马场边、饮鹿池畔……都留下了君臣同行的身影。张英看着自己服膺的君主考评赛马，望着自己效忠的帝王赏赐骑手，观察着自己辅佐的皇帝翻阅王公大臣进献的试马歌。他虽然步步留心、时时在意，不会多走一步路，也不会多说一个字，但他的目光早已融进了皇帝的背影。朝气蓬勃的帝王和守正持重的臣子，渐渐拥有了搭档的默契。刚入秋，张英就被授予了日讲起居注官的职位。

这一年，康熙皇帝几次驻跸南苑行宫，都命张英随行在侧，对他的文才非常欣赏。

意在诗词外

孟冬的一天，已是“漏下十余刻”，行殿里却依然烛光摇曳，原来，康熙皇帝还在笔走龙蛇。按《清实录》的记载，这位帝王的作息非常规律。他一般在戌时休息，也就是晚上的7点到9点之间上床睡觉。但今天，时间已快到夜里10点了，康熙皇帝依然兴致高昂，他的脑海中还回想着白日里的“紫骝赤骆，蹑云追电”。这种兴奋的心情，让他难以入眠，亟须找人分享。停笔片刻，康熙皇帝就让太监去查看日讲起居注官的情况。

这个时候要召见的臣子，自然是帝王的亲近之人，所以，宦官们不敢怠慢，赶紧出殿打探消息。康熙皇帝并非一个不近人情的君主，他想先问清楚下属是否已经就寝，然后再做安排。这样的举动，不仅让大臣们对皇帝感激涕零，而且让办事的宦官不敢轻忽，对大臣的态度更为恭敬。

片刻之后，太监就带进了侍读学士喇沙里。他回禀康熙皇帝说，张英、孙在丰二人还没有休息，尚在直庐看书。于是，兴致未减的帝王便命令两人作诗，要以“良马”为主题。康熙皇帝还提到了《论语》中典故“骥不称其力，称其德也”，但他同时又强调，作诗要不落古人窠臼。于是，张、孙两位翰林便接下了这项似难非难又似易非易的任务。

众所周知，日讲起居注官中，孙在丰擅长解经，能穷理尽性；史鹤龄工于书法，谓笔精墨妙；而张英则长于诗文，有风采鸾章。所以，张英的《赋良马应制二首》很快便呈到了御前。

诗中自然有“幸傍銮舆称上驷”和“骅骝得傍圣人前”等拐个弯儿称颂皇帝的句子，当然也有“天闲龙种本星精，一片桃花万里行”等描摹马匹的语句。有意思的是诗歌的最后一句：“从来骐骥如君子，伯乐欣逢与共传。”要知道，皇帝是金口玉言，说出去的话是臣子必须遵守的。而康熙皇帝在命张英作诗时，口谕是：“此不必论古人以骐骥比君子。”那么，素来谨言慎行的张英为什么要这样写？仅仅是出于作诗的需要吗？

有人说：“意在诗词外，情从暖里生。” 张英对“良马诗”的喜欢，或许与他对南苑的喜欢一样深。

康熙十一年（1672年）十一月，皇帝幸南苑，建行宫。出于对这所猎场的喜爱，次年一开春，兴致勃勃的帝王就玩遍南苑新宫，并带着大臣数次临幸。人们从张英的应制诗中，就能遍览南苑的四季美景。据《起居注》的统计，康熙皇帝一生中至少55次赴此地游猎。直到康熙六十一年

（1722年）十一月，他病逝的前几天，依然在南苑流连。可以说，康熙皇帝与南苑有着不解之缘。

对张英而言，南苑也是他的幸运之地，那里有着他对君臣交往最美好的回忆。他在多年后乞假乡居时，整理了自己所写的应制诗集，但凡涉及君臣互动的小故事，绝大多数与南苑相关。关于“良马诗”的故事，他更是记录了两次。

第一次是在《讲筵应制集序》里，作为伴君的例子进行了讲述。第二次是在此诗的开头，详细附录了当时的情形，连康熙皇帝与下属的对话也都记录了下来。这在张英的文集里是非常少见的现象。

原因大概如下：

一是康熙皇帝的谕令用词为“不必”，没有强制要求不能说“骐骥如君子”。

二是张英经过数月的相处，正在摸索或者说已经摸索出了与帝王的相处之道，明白了康熙皇帝的一些模糊性用语的指令，哪些是必须遵守的，哪些是可以稍稍违逆的。

三是巧妙显示了皇帝对臣下的恩遇。众所周知，在“君要臣死，臣不得不死”的年代里，即使皇帝的命令不那么精准，大臣也还是要去做的。张英能有小小的违逆，而皇帝没有不悦，足见君臣之间关系的亲近。明眼人一看诗歌写作时的故事背景，再一看诗歌的用语，自然能明白其中含意。

四是为在朝做官的儿子们提供一点儿与皇帝相处的小经验。为臣者并非一味地顺从就能得到帝王的赏识。

五是也为看到这些内容的政敌提个醒：皇帝对我不错，你们要对我动手，最好小心点。

当然，考虑到张英的缜密心思，原因可能比上述五条更多。但是，以张英当时正式伴驾的时间来看，原因也可能就只是一条：感动。

手足与腹心

《孟子》中讲："君之视臣如手足，则臣视君如腹心。"意思是说，如果皇帝对大臣像手足那样好，那么臣子自然会对君主像腹心那么好。在张英刚担任日讲起居注官时，未满20周岁的康熙皇帝就表现出了体谅下属的温情，这让张英深为触动。特别是在"雨色秋来寒"的时节，帝王的关怀就具有了更高的温度。

还是在南苑，还是张英和孙在丰搭档，还是一个康熙皇帝没有按时休息的夜晚。天刚黑，就起了大风。片刻后，大雨如注，倾盆而下。风雨交加中，行宫的灯火变得明灭不定。

此时，张英的上司、翰林院掌院学士兼日讲起居注官的傅达礼，心情也如外面的天气一般晦暗。他接下了康熙皇帝的命令，要准备编撰《清文鉴》一书。这是清帝敕修的第一部满文辞典，朝廷十分重视。同时，他还对"三藩"问题忧心忡忡，因为朝廷快要养不起吴三桂了。

神思恍惚中，傅达礼的帐篷外忽然传来宫中使臣的声音。这让他的内心狠狠一颤：此刻已是漏尽三鼓，按常理，皇帝早已经歇息两个多时辰了。此时遣使，莫非是修撰工作出现变动？还是云南那边传来了不好的消息？

忐忑之间，傅达礼把使者迎进帐帘，知道了事情的原委后，才松了口气。

原来，康熙皇帝听到震风陵雨，就传唤了侍臣：“两位翰林官没有青油涂饰的帐幕，该不会遭到沾湿之苦吧。”侍奉的人马上心领神会，立刻起身去查看张英和孙在丰的情形，并向傅学士传达口谕说：“让两位翰林移居到五店皇庄安眠。”傅达礼赶忙回奏说：“我已经对这二人做了安排，怎么敢劳烦陛下操心。”此刻，毫不知情的张英二人早已入睡了。

第二天，傅学士把这道旨意告诉了自己的下属。张英就立刻写了《纪恩恭赋二首》，向皇帝表达敬谢之意。这两首诗比写于初冬的《赋良马应制二首》，在时间上还要早一些。具体内容如下：

纪恩恭赋二首之一

秋郊云雾暗空蒙，静夜摊书烛影红。

圣主慈仁深念及，小臣风雨直庐中。

纪恩恭赋二首之二

草湿烟深夜漏迟，特传温谕出龙墀。

顿忘帐外秋声急，身在尧天雨露时。

不只是在暴风骤雨的特殊时候，在平常的日子里，康熙皇帝也对张英等人诸多关照。他曾赐给张英“红耳霜毛”的小兔子，“御河春水”中的小鲤鱼，还有“鸟未敢衔疑雪片”的白樱桃和“火珠光映水晶盘”的红樱桃。这些赏赐都透露出几分青年帝王的可爱来，让张英敢于在写“良马诗”时“擅自主张”，也让翰林院的臣子们更加忠心耿耿。

于是，在“雨夜传旨”事件后的八月，傅达礼就毫不犹豫地启程去了云南，协同礼部侍郎经管平西王吴三桂的撤藩事宜。这让张英差点儿再也见不到这位老上级。

撤藩祸乱起

傅达礼此行的凶险，张英其实早有预感。

在康熙十二年（1673年）三月，尚可喜上疏回乡养老后，皇帝就决意要“撤藩”。同年八月，吴三桂和耿精忠同时自请撤藩，在朝堂上引起轩然大波。康熙皇帝认为：“撤亦反，不撤亦反。不若及今先发，犹可制也。”也就是说，吴三桂肯定要造反，还不如提前撤藩，让他不痛快。这种情形下，派往云南的使臣自然会有人身危险。

傅达礼此行的忠诚，张英也完全相信。

在为皇帝进讲的几个月里，张英对于君臣之间的情谊是看得清清楚楚。他在随扈南苑时，亲耳听到康熙皇帝给翰林院掌院学士傅达礼下令：“翰林官员是比较清苦的。我游幸南苑还带着翰林们，是请大家当顾问、做讲官来的。从今以后，你们的帐幕、饮食、马匹、器具都由内务府负责，自己就不用花费了。”张英为此特意写作了《扈从南苑蒙赐直庐饮馔恭纪二首》。

不只是物质层面的恩赐，皇帝在精神层面对下属也很关照。有一次，进讲完毕后，康熙皇帝向傅达礼问道：“南苑里有玉皇阁、德寿寺，不知道翰林官员们游览过吗？”傅学士坦言回奏说：“这些是禁地，没有奉命，是不敢进去的。”于是，皇帝就带着张英等人去这两个地方好好玩了一趟。

正因为君臣间如此亲密，所以，从张英到皇帝，都对傅达礼的忠心毫不怀疑。

同年十二月，南方传来了傅达礼被叛贼幽禁狱中的消息。与这个信息同时传到京城的，是吴三桂起兵“复明”的急报。朝堂之上，明珠、索额图两党立刻争论不休。谁知，一波未平一波又起，京城中又爆发了“朱三太子案”。杨起隆率人在京城放火起义，与吴三桂南北呼应，让清廷面临极大的危机。

正是在这样的乱局中，张英展现了自己与众不同的沉稳。

每日清晨，雄鸡未鸣，张英就从长安门出发，步行至左翼门等候听宣。不一会儿，天空就亮起了鱼肚白，鸽群开始从高楼上飞起。这个时候，殿檐一角还残留着几颗星星，台阶表面尚有未干的露珠。张英就和要奏事的大臣们，排队进入乾清门。

等诸臣禀奏完朝事后，张英等人才被内侍传入弘德殿。殿中的左右两侧都陈设着图书典籍。朝南的方向摆放着御座，朝北的方向设立的坐席才属于日讲官。殿中设有香炉，其上透出丝丝缕缕的清芬来。

讲官全部入殿后，侍从就要都退出去。然后，张英等人第二次向皇帝行礼，礼毕，就开始讲解经文。在详细阐发经书义理的同时，他们还要预备回答帝王的咨询。

在紧张的讲解结束后，张英通常会在乾清宫门休息片刻，品一品皇帝赐下的清茶。

就这样，他的行为像铜壶滴漏般精准，日复一日地重复了三年。

眼看朝中风云变幻，我自守心岿然不动。

张英的这份镇定功夫，让他在乍得知同僚的死讯时，依然能冷静地进行思考。

第三章

进退间的机缘

张英等在康熙朝早期任职的日讲起居注官们，生活非常规律。他们每日同时上朝，下朝后又同入弘德殿进讲。为帝王讲经后，他们还奉命一起在宫门喝茶，随后，又一起在翰林院办公。可以说，张英和他的讲官同僚相处的时间要远比和其他大臣共事的时间长，甚至比与家人每日生活的时间都要多。

但同样都是日讲起居注官，同样都是每日面见帝王的近臣，命运却各自不同。

第一节　心腹是怎样炼成的

前文讲了，张英在少年时，就对“知命”有所感悟。等走入权力中枢，他目睹身边的人情世事后，便被命运的无常再一次地触动了。

同人不同命

在张英的文集中，提到次数较多的同期讲官有傅达礼、史鹤龄、孙在丰等人。

史鹤龄是最初与张英一起南苑扈从的讲官，在张英回忆关于“内廷应制”的往事时，他的名字是第一个出现的。当时，史翰林因性情恭慎、奏对安详，得到了貂蟒之属的赏赐。众人都认为，他能有如此恩荣之遇，肯定会得到重用。

谁知，就在前程大好时，史鹤龄却在归乡探母后，命归黄泉，年仅40岁。鹤在古代是长寿的象征，年长的人去世会被称为“驾鹤西游”。史鹤龄的名字寓意长命，本人却中年而逝。可见，命运有时候就那么爱开玩笑。

傅达礼是张英的上司。他跟张英亲切相处了几个月，就因“撤藩”被吴三桂囚禁。这一遭的折磨持续了几个月，直到康熙十三年（1674年）四月才被解除。辗转返朝后，他得到了皇帝的嘉许。本以为会苦尽甘来，谁知不过几个月的工夫，在康熙十四年（1675年），他就因“经筵讲章不称”而被罢官，随后，在放逐奉天时去世。命运的无常，在傅达礼身上展现得淋漓尽致。

孙在丰是多次与张英搭档的同僚。二人经常在直庐等候宣召，也经常一同被皇帝赏赐关怀。只可惜，他遇到了张英，就难免有“既生瑜，何生亮”的感慨。而后来的发展，也确实如此。孙在丰远不如张英有名气，他比张英晚三年中进士，却比张英早20年离世。

当然，此刻的张英还预料不到孙在丰的结局。他对同事的命运，也只是偶尔感叹一二罢了。因为，家中的事情是一件接一件。他先是忙于儿女亲事，将长女、次女先后嫁入姚家。紧接着，他又喜得长孙张若霖。在康熙十四年（1675年），也就是张英38岁时，他的三子张廷璐降生。次年十二月，张英四子张廷瑑也出世了。同年，张英少时的恩师姚文然得官刑部尚书，可算是张英在朝中的又一座靠山。张家向姚家道贺，自然是免不了的。

就这样，一家喜宴迎宾客，一家丧酒叹奈何。在三藩乱起、政局不稳的时候，日讲起居注官这个小群体是分化得越来越明显。

一幕幕的悲喜剧，让张英的心头渐渐清明。他深知，要在朝廷权力风暴中立足，只有一个办法，那就是：一切以“朕意”为核心。

四十不惑

如果说朝内日讲起居注官的经历，让张英开始顿悟工作的核心要领，那么，朝外的三藩之乱，则让张英彻底确立了为臣的生存之道，即“朕意”。在关键问题上，如果无法选择自己的队伍，那就顺着皇帝的心意走吧。

前文讲了，康熙十二年（1673年）吴三桂起兵前，翰林院是支持撤藩的。掌院学士傅达礼更是因此而被囚禁。作为下属的张英，自然是与上级保持一致的立场。

康熙十三年（1674年），吴三桂建国，国号为“周”。他起兵三月，就拥有了云南、湖北、湖南、四川、广西5个省。

康熙十四年（1675年），吴三桂部下陕西提督王辅臣起兵，攻下重镇兰州，西北为之震动。

康熙十五年（1676年），平南王尚之信于广东兵变，炮击清军大营。此时，三藩已控制了11个省。

这个时候，清廷的一些大臣开始惊慌失措。外乱未平，大学士索额图等人就要求处死一批人。这些人包括倡议撤藩的明珠、莫洛等人，张英自然也在其间。明珠、莫洛等人都是尚书级的人物，朝廷轻易不会对他们动手。相比之下，人微言轻的翰林院小官很可能成为炮灰。也就是说，这种情形下的张英，比明珠等重臣更危险。

但就在索额图、明珠针锋相对之时，就在张英的生死关头，康熙皇帝毫不含糊地说：“此出自朕意，他人何罪？”

这一句，确定了平叛的大方向，让众臣明白了天子的坚定。

这一句，保住了明珠，保护了张英，也保全了帝王和近臣的情分。自此，明珠、张英等臣子，侍奉皇帝更为尽心。

这一句，也让张英深刻地体悟到了“伴君如伴虎”的真谛。权力的中枢就好比飓风的中心，看似平静与安全，但稍有偏移，就是粉身碎骨、万劫不复。从此，张英更加谨慎地揣摩上意，不论讲经还是作赋，都心细如发、如临深谷。

经此一事，作为词臣的张英，可以说已经阅尽了人心叵测。然而，这只是起步，等张英位极人臣时，才方觉此时跨越的不过是一条小水沟而已，与日后的大风大浪相比，简直不值得一提。

不过，大难不死，必有后福。张英坚定地与皇帝的立场保持一致，让他在40岁时，迎来了人生的第一个大转折。转折点发生的场所，与他的幸运地“南苑”一样，都带有“南”字。

崛起南书房

在康熙对张英越来越信任时，三藩之乱的局势也开始了好转。在平定叛乱过程中，一直支持皇帝并为之定策的大臣，均得到了封赏。

康熙十六年（1677年），明珠得授武英殿大学士，正式进入正一品的行列。时任翰林院侍讲学士的张英，官阶虽然没有变化，却在大清首开先河：以词臣身份，被赐居紫禁城。

一个汉人，能够在西安门内安家，在当时引起了广泛关注。但是，围观众人却并不意外，因为张英已经入值了南书房。

南书房是同年冬天设立的一处值班场所。它位于乾清宫的西南角，曾是康熙皇帝旧时的读书处。清代士人，一直把此处视为清要荣贵之地。因为南书房与帝王的距离，不但是地理位置近，心理位置更近。

入值南书房的文学侍臣，被称为“南书房行走”。他们不仅陪伴皇帝吟诗作赋、习字绘画，而且要草拟诏书、撰写谕令，相当于今天的“中央机要秘书”。当然，康熙皇帝给予他们的待遇也很好。南书房中的一应器具由内务府供应，而珍果佳肴则由御膳房供给。帝王给予的赏赐，一天之内，有数次都是送往南书房的。

由于南书房承担了随时承旨传诏的任务，康熙皇帝对这个机要枢纽的控制从来没有放松过。因此，只有贵族大臣和皇帝的亲信才能进入其间。同时，由于南书房的权势日盛，使得清廷议政王大臣会议的权力日渐削弱。又由于南书房对皇帝决策的影响力，使得外朝内阁的一些职能也渐渐收归内廷。所以，皇权便从南书房设立时开始变得越来越集中。

这种情况的出现，是在康熙皇帝的谋划中的。

所以，能在南书房设立之初就入值的张英，实际上成为了皇帝的心腹。

所以，张英能够以汉人、词臣的身份得到“赐第西安门”的荣誉，是顺理成章的事。

所以，张英用了不到八年的时间，就从七品官升到了二品官，用奇迹来形容并不恰当，反而是水到渠成更符合实情。

值得一提的是，张英能这样安心打拼事业、超阶越次，还有一个必要条件，就是家和万事兴。

第二节 紫禁城中岁月长

儒家讲“修、齐、治、平”，就是说治国、平天下的前提是修身和齐家。张英的修身功夫，前文已述，康熙皇帝对他的欣赏亦可作为明证。而张英的齐家功夫，比他的修身功力还要深厚，这从他的儿子身上就能看出来。

家有孝顺子

在张英入值南书房的第二年，他的长子张廷瓒中举，时年23岁。同年，7岁的次子张廷玉已有能力出外就学。

在张英入值南书房的第三年，张廷瓒中进士，时年24岁，殿试成绩为二甲第二名，刷新了桐城张家的科举纪录，并由康熙皇帝传谕，选授为翰林院庶吉士。

《孝经》中讲：“立身行道，扬名于后世，以显父母，孝之终也。”也就是说，孝顺的一个重要表现，就是“扬名声，显父母”。张英的声名虽然不需要长子帮忙显扬，但是张廷瓒的科考表现，仍然让他备感欣慰。他写诗称：“一经教子惭无术。”言外之意是：我张英没有好好教导孩儿，长子廷瓒能取得这样的成绩，更多的是靠自己的努力。

事实上，在参加科举前，张廷瓒就是一个让父亲省心的好儿子。

还是总角稚子时，张廷瓒习练书法就沉稳勤奋。这让他的爷爷张秉彝常常夸赞：“此子学书，可以成就。”同时，少年张廷瓒还能做到“父母教，须敬听；父母责，须顺承”，是家族中公认的好孩子。

康熙十年（1671年），张英结束丁忧，赴京任职。年仅十几岁的张廷瓒，只能在没有父亲陪同的情形下，去延陵娶亲。为此，张英特意写诗表达了自己的遗憾：“汝生十六年，绕膝何时离。讵知燕喜日，父母天一涯。”诗中还包含了父亲对儿子的祝福和勉励：“愿尔画眉笔，常点关雎诗。愿尔鸡鸣警，愿尔凤雏随。”

事实上，张廷瓒对父母的缺席始终没有丝毫怨言，他一如既往地遵顺父母，没有一语违逆父母的意愿。在17岁赴京后，他更是成为了父母的好帮手。

张英不喜欢延请幕僚、清客，却又非常喜欢翻阅载籍、稽考旧章，偏偏他公务繁忙，经常随扈离家。于是，张廷瓒就在父亲身边充任了文秘的角色。连张英都感慨，他能够常年查阅典章，是“廷瓒左右之功居多”。

后来，张廷瓒的二弟、三弟接连出世。为了替母亲分忧，在全家人搬入西安门内御赐的宅第后，22岁的张廷瓒主动承担了教养张廷玉的职责。面对未满6岁的二弟，张廷瓒表现出了兄长的“至性友爱”，他在启蒙幼弟时，循循善诱，考虑完备，几乎没有不周到的地方。

在家的张廷瓒是个好儿子、好哥哥，外出的他则是旁人的良师益友。他继承了张家人特有的“悫慎谦和”的性格，从不随意评价他人，更没有急切冒进的举止行为。碰到叔伯或姻亲，他总是敦厚有礼。碰到贫穷饥寒的人，他也尽量去赈济。

性格如此随和的张廷瓒，在科举入仕后，自然与同僚们相处愉快。同事就常常讲他的好话，比如赞他“克勤厥职”等。

总之，张廷瓒为自己的弟弟们做出了榜样，让张家省下了不少的教子功夫。康熙皇帝称赞张英同僚陈廷敬父子时，曾说“父翰林子翰林父子翰林，父贤良子贤良父子贤良”。现在看来，这副对联也完全适用于张英父子，同样也适用于其后的张廷玉父子等张家人。

对于张英而言，家和万事兴、子孝父心宽，他没有后院起火、纨绔生非的顾虑，自然能有好心情来读书做官，有足够的精力来预备皇帝关于治国平叛的咨询，自然能够得到快速的提拔。

扶摇上青云

康熙十一年（1672年）秋，张英得到翰林院编修的职务，时年35岁。他的级别是正七品。

康熙十二年（1673年）春，张英充任礼闱同考官。同年秋，得授日讲起居注官，渐渐得到朝廷重用。

在康熙十六年（1677年）十一月入值南书房时，张英已升任了翰林院侍讲学士，为从四品。但是，他的待遇是支正四品俸禄。也就是说，他用了五年左右的时间，跨越了四个品阶，并即将有跨越五个品阶的趋势。

不过，这个时候张英晋升的势头稍微缓了一下。

在张英入值南书房的第三年二月，他转授侍读学士的职位，还是在从四品的位置上享受正四品的待遇。需要注意的是，这个转岗，意味着责任的加重。通常情况下，侍读和侍讲都会负责解文讲经，都会成为皇帝的顾问，但是，侍讲的工作更偏重解释疑义，而侍读则偏重公文勘对。这表明，张英对朝廷决策的参与度是在加深的。

于是，张英入值南书房的第四年六月，也就是康熙十九年（1680年）夏，他被擢升为翰林院学士兼礼部侍郎，位阶是从二品。

不到八年，从正七品到从二品，搁在今天，就是从县级到副部级的飞速跨越。可以说，张英从35岁到43岁的晋升速度，堪比今天的“火箭提拔”式升官。

但是，当今的“火箭官员”多数不愿公布简历，而张英的履历不仅在吏部有备案，在他自己的诗集或者文集里，也有光明正大、实事求是的记录。甚至是一些暗示升职或者得宠的事件，他也准确地记录下来。

在张英入值南书房的六个月前，也就是康熙十六年（1677年）的五月，皇帝亲书“清、慎、勤”三个大字赐给张英，同时赐下的还有草书的“格物”二字石刻和赵孟頫所书的“不自弃”石刻。六月，康熙皇帝又赐下“忠孝存诚”大字两幅。这样的赏赐可以说是一种预兆。同年十一月，张英就成为第一批入值南书房的词臣。

在这一年的十二月，张英还被赐予含有苏轼、朱熹等人真迹的宋初拓《淳化阁帖》。由于《淳化阁帖》的枣木原版在宋仁宗时全部焚毁，因此，宋初的拓本就变得极其珍贵，甚至被视为宝物，价值连城。

上述两次得赏，张英都详细地记录下来，并写诗表达感恩。从诗中，我们无法看到他的实际功绩，但是他对皇帝的忠敬态度却表现得淋漓尽致。即使是在今天，张英的这种态度也绝对会受到高层管理者的欣赏。

所以，这些诗告诉众人，张英能入值南书房，是因为皇帝的青眼，他绝对没有“拼爹”找关系。

有谢赏诗作历练，在之后的晋升谢恩诗里，张英对感恩态度的把握就更到位了。他在《康熙十八年二月蒙恩转侍读学士恭纪二章》中写道：“广厦细旃时赐对，惭无一得报宸衷。”委婉、谦虚而又充满感激的用语，入耳极其舒服。估计无论是哪一位皇帝，读到类似的诗词，都会心情舒畅。

有人可能会说，这诗写得其实有点高调，开篇就是“门开宣政日曈昽，温室花繁淑景融”，好似宫中景物都因一个臣子的转岗而变得格外美丽。这在皇权时代可有点大不敬，实在不符合张英一贯的“敬慎”作风。

这样的怀疑的确很有道理，只是存疑者忽略了当时的大背景。

在康熙十八年（1679年）正月，平定三藩之乱的战争取得了阶段性的胜利。康熙皇帝兴奋不已，为此亲御午门宣捷。在这样举朝恭贺的时间里，臣子自然要以君王之乐为乐。所写的诗，自然要比平日更多些喜气，才能达到帝王往常的愉悦水平。而已过不惑之年的张英，对这种微妙感觉的把控，可以说是得心应手。

之后，张英又在长子殿试后写了《五月初二日蒙恩传谕尔子廷瓒选授翰林院庶吉士恭纪二首》，次年又因自己的晋升写了《康熙十九年六月蒙擢授翰林学士兼礼部侍郎纪恩四首》。

诗名很长，诗的内容也不少，但中心思想基本一致，就是自谦、谢恩，同时表达自己的不贰忠心。这样的应制诗看似简单，但很多官员是达不到张英的水准的。这也是张英快速升迁的一个因素。

事实上，张英晋升最重要的原因，还是他“慎密恪勤”的工作表现。

拳拳臣子心

自从入值南书房，张英就没睡过一个好觉。

每日凌晨，他先要到乾清门参加听政，随后，奉召进入懋勤殿履行日讲官的职责。正常情况下，是“辰巳前讲经书，午后读史”。换算成24小时计时法，就是在10点以前讲诵经书，13点以后研读史籍。由于康熙皇帝日理万机，又勤奋刻苦，所以这个时间会有变动。在张英的《南书房注记》中，变动的情况是非常多的。

例如康熙十七年（1678年）四月初一午时，也就是中午11点到13点之间，张英被召入懋勤殿。原因是康熙皇帝看了《论守令铨选疏》，非常感慨：“做廉臣的风气，为什么在近代越来越难以推行了呢？”

几乎没有迟疑，张英就先以反问的方式抛出自己的论点，接着引用古人之言加以佐证，最后再进行自我阐发。他的观点概括来讲，就是“清廉的根本在于节俭，为了节俭要抑制奢侈的风气”。但是，他的表述就跟他的文才一样，简洁而又华丽，把原本枯燥的策略讲得层层深入、发人深省。

又例如同年的四月初八日戌时，也就是晚上19点到21点之间，虽然上午已经讨论了《尚书》中的27个小节，但是康熙皇帝依然意犹未尽，就在晚间又讨论了9个小节。

令人诧异的是，这样的学习强度依然不能满足皇帝的求知欲。在康熙十九年（1680年）四月，皇帝给南书房翰林颁下旨意，要求午后开讲《资治通鉴》。于是，经常到了更深漏尽，张英还不能返家。

如果仅仅是讲经论史、侍奉文赋，张英还有充沛的精力来应对，但当时大清与“三藩”的战争刚形成胶着的态势，出战的将领都在等待朝廷的指挥。除去调兵筹饷等军政大事，年谷丰歉、济穷救苦等民生大事也是一刻不能耽搁，还有内廷治理、对外交往等要务，也是桩桩件件、接连不断。所以，张英明显感觉到了白发的增多，他写诗道：“自顾镜中发，霜华日已半。”

有人会觉得奇怪，张英不过一个翰林官儿，哪儿能牵扯这么多的国家大事？但事实是，康熙皇帝非常信任张英的文笔，于是“一时制诰，多出其手”。“制诰”相当于今天的中央文件，可见张英的笔杆之重。

其实，身累不是主要的，心累才是张英真正感到疲倦的原因。

作为皇帝身边的近臣，一年到头的风刀霜剑，于张英而言，是司空见惯的事。但是，这并不意味着他就能躲过明枪暗箭，不受池鱼之殃。在领悟了体会“朕意”的重要性后，他不仅做事更加严密，而且尽量努力地“讨好”皇帝。我们从他的应制诗中就能看出这种变化来。

可以说，懋勤殿伴驾的日子让张英清醒地认识到了一个事实：临幸南书房的皇帝，与记忆中临幸南苑新宫的皇帝，是不同的两个人。

所以，张英不可能再找回“南苑初伴君”的心情了。他笔下的诗文，针对性和目的性也越来越强，几乎到了直白的地步。

例如，康熙皇帝命令护卫列队单行，不要践踏农田，张英就写诗道：

"皇情最爱田畴好，万骑传呼逐队行。"

当皇帝下令不扰寺僧，不让百姓回避时，张英就写诗说："山僧初定闲披衲，野老来看倦倚锄。"

张英还写了"宝翰偏宜洞壑藏，山光云影入天章"，只是因为皇帝在西山遍留题咏。

不单是关注皇帝的言行，张英连帝王身边的贵族都极其关注。他写诗称赞稚龄郡王说："聪慧天潢少有名，九龄初入御围行。自乘果下随龙驭，万骑丛中学射生。"

上述这些诗，都写于同一年，都讲的是一件事：康熙皇帝从西山去南苑游猎。

一路熟悉的景色，让张英回忆起了六年前的自己。那时的第一次进讲，正是在南苑行宫。六年的时光，没有在南苑留下一点痕迹，却深深地刻进了张英的诗文里。此时，张英的应制诗，比之康熙十二年（1673年）的灵动，逊色不少。

张英是非常喜欢写诗作文的，虽然他的诗句被评为"典雅平和"，但是诗情因仕宦岁月带来的改变却让张英感到厌倦不安。所以，他对安逸的田园生活变得十分向往，他把这种期盼寄托在了写给哥哥们的诗里。

怡怡兄弟情

也许只有面对同胞兄弟，张英才能真正敞开胸怀，坦言自己的近况。但是，他并没有一开始就把自己的苦闷告诉哥哥们，因为他不想让兄长为自己担心，他不想给哥哥的平静生活增添忧虑。

在这种情形下，怀念儿时的故事，成为了诗歌的主题。在与兄弟“各在天一涯”的日子里，他格外想念与哥哥们在一起的生活。

张英还不满十岁，母亲就去世了。这时候，照顾他、陪伴他最多的人是他的三哥张杰。兄弟俩相伴，几乎玩遍了家乡的山岭，走遍了门外的石路，而张杰并没有忽视对弟弟的教育。

于是，在鹅鸭嬉戏的池塘湖泊边，在藤蔓缠绕的苗圃柴篱旁，人们都能看到张杰携着书籍的身影，还有紧紧跟随的小张英。乡人们看到这种情形，都觉得这一大一小的哥儿俩，就好像枝梢上的老鸟带着幼鸟，既要教飞翔，又要陪玩耍。

也许正是这种感觉影响了张英，他在给三哥寄诗时，用寓意兄弟的鹡鸰鸟来形容当年的生活。他写道：“壮者毛羽成，稚者娇且痴。引之翔高林，还与戏清池。低徊三十年，饮啄常相随。”但当“一朝分飞去”后，就只剩了“忽念京洛人，浊醪常自持”。

相比对三哥那种缠绕着师生情的亲情，张英对二哥张载，则是纯粹的兄弟情谊。常年隐居湖上，以捕鱼为乐的二哥留给张英的印象，是与三哥截然不同的旷达。

龙眠石道

张英在二哥生日时寄送了三首诗，诗中特意提到一件往事：“慈母小斋留绣佛，吾兄清兴寄逃禅。”

事情的详情是这样的：

张载曾经亲自建筑了一个亭子，其中供奉了一轴观音像。令人大为惊讶的是，一向不喜礼节、疏狂成性的张家二哥，居然对这幅绣像早晚供奉、殷勤非常。这件事传出来后，就有僧人登门拜访，来求布施。张载一见僧侣，就知道误会发生了。他笑着跟众人解释：“大家都以为我供奉绣像是谄媚佛祖吧。其实，我拜的不是观音，是我的娘亲啊。”

原来，张英的母亲早逝，没有给自己的孩子留下太多东西，她留给张英的二哥的，就是这幅亲手绣制的观音像。于是，个性狂放但生性纯孝的张载就把对母亲的思念寄托在了这幅图像上。他对这件绣像时时敬拜，才让僧人产生了误解。

这事虽小，却显示出了张载不同流俗的一面。跟这样的人谈论官场琐事，不仅不合适，而且会显得比较俗气。所以，张英把自己的现状先告诉了三哥张杰。他寄诗道：“委顿京华客，频年懒寄书。遥知同宦味，定复忆吾庐。”诗中，张英委婉地表达了自己对田园生活的向往，隐约透露出归乡之意。

或许是兄弟连心，张英还未收到张杰的回复，张载督促张英辞官的口信就传到了北京。

对此张英一点也不奇怪，因为他的二哥本就是“久解人间轩冕轻”的人。所以，他认为听了口信的开头，就能猜到信息的结尾。不过，张载可不是个按常理出牌的人。所以，张英得到了一个令自己惊讶半晌的消息：张载在湖畔筑亭，以待张英归隐！

这可是个大手笔。要知道，以张英的理财头脑与从二品官的身份，尚且还有连喝一个月面汤的时候。

当然，让张英感动的不只是构筑湖亭所耗费的金钱、时间、精力，更重要的是这个看起来大而化之的二哥所付出的兄弟真情。

张英正式动了归乡的念头，只不过还欠缺一个恰当的时机。

乞假返故乡

康熙二十年（1681年）十月，清军攻破昆明。之后，俘虏被押解到北京。三藩之乱，画上了句号。这期间，张英陪伴在帝王身边，出则随扈，入则侍经，日夜都为公务繁忙，寒暑都没有休息。

可以说，三藩之乱有多久，张英伴驾就有多久。因为吴三桂起兵的那年，恰好是他进讲的第一年。这期间，第一位和他搭档的日讲官史鹤龄英年早逝；对他颇为照顾的上级傅达礼也在三藩之乱初期去世；常常与他搭档的孙在丰，没能与他同期入值南书房，也渐渐疏远。待到当初相熟的翰林院同僚一个接一个离开后，三藩之乱也结束了。

张英虽然没有“兔死狗烹”“鸟尽弓藏”的忧患，但是他的确在平乱的过程中为皇帝提供了很多建议，尽到了“打鸟”的“良弓”之责。一张一弛，才是处事之道。所以，张英决定，自己的伴君生涯也应该有一个休止了。

康熙二十一年（1682年）春（《清史稿·列传五十四》记载张英是在“康熙二十年”乞葬父归，张廷玉在写关于张英的《行述》中记载也是“康熙二十年”，但是，张英在自己所著的《内廷应制集序》中，回忆自己是在“春”请假归葬先父，并有《康熙二十一年正月赐假南归经营丘垄恭赋纪恩诗八首》，同时在《赐金园记》中的记录时间为“康熙二十一年二月”。由于张廷玉在康熙二十年只有9周岁，故此处选择时间为“康熙二十一年”），张英上疏乞归。

以张英的文笔，这份《请假归葬疏》大可写得深情动人，甚至与李密的《陈情表》相比肩。但是，读者会发现，这篇奏疏更像是一封“述职报告”。奏章一多半是在写张英的工作情况及他对皇恩的感激，直到奏章的内容过半，快到结尾了，张英才提到自己的父亲。

这并不说明张英对父亲没有真情实感，相反，关于自己的“不孝”，张英只寥寥几笔，就写得情真意切。之所以这样处理“请假条”，恐怕是深谙君心的张英所采取的一种策略。

一般来说，京官只要“历俸五年”就能按例准予迁葬父母，也就是说，领够了五年俸禄的京官，就能请假返乡。但是，张英已经当了11年京官了。他之所以不提这件事，是因为“君恩至深”。值得玩味的是，张英的理由也就只有这四个字。

不过，这样写的效果是明显的，康熙皇帝很快就下了敕书。手敕中先对张英的功绩进行了点评，称赞他“敬慎素著”，接着准予请假，最后又要求张英事毕“速回”。

事实上，这个“速回”的时间远远超出了一般人的预料。但是，当下的张英并不在乎。因为他的长子张廷瓒已在翰林院供职，张家在朝中并非无人。同时，他也想和兄弟们多一点团聚时间。

此外，更让张英惊喜的是，返乡前康熙皇帝赐给他一个“大礼包”。

第三节 龙眠山悠闲生活

在准予张英归乡后，康熙皇帝赐下白金500两，表里缎20匹，并追赠张秉彝为光禄大夫。相对于以前赐下的大字、樱桃、白兔等物件，这次的赏赐无疑更加实惠、更加贴心。

所以，张英既让亡父得到了正一品的封赠，又无需为盘缠和迁葬费用发愁，就迅速地整理好行装，在康熙二十一年（1682年）三月登舟南归，并于同年七月到达故乡。

这期间的五月，又发生了一件让张英惊喜的事。

为父择坟

在张英返乡的过程中，康熙皇帝又赐给他宫纱两端，命张廷瓒寄回江南。这种纱最适合做夏常服，张英一到桐城就收到了这样应季的赏赐，对皇帝越发地感恩。这之后，康熙皇帝的赏赐依然不断地传往桐城。

康熙二十一年（1682年）九月，张英得到御赐《升平嘉宴诗》石刻。

康熙二十二年（1683年）四月，张英又得到皇帝谕祭张秉彝的恩旨。

这都是后话，只说张英一回到老家，就立即着手择坟事宜。想当初，张秉彝为张英祖母择坟，策杖进山，几乎走遍了老家的每一道山梁。如今，孝顺的张英自然也同样地用心。他“蒙犯霜露，跋涉山泽”，花了17个月的时间，最终把坟址确定在了距离桐城40里的仓基墩。

康熙二十二年十二月，张英择吉日，迁葬了自己的父亲。

张英选的这个地方，从大环境上讲是衔山抱水的格局。详细来看是背靠龙眠，面朝长江，风水好，风景更好。其间层峦叠嶂、溪壑深秀，真是难描难画。更有诸多名人文士的故事为龙眠山增添了不少灵气：

北宋时，画坛泰斗李公麟及李元中、李亮功三兄弟同时登第，又同时归隐龙眠山，世称“龙眠三李”。李公麟绘的《龙眠山庄图》，由苏轼为此图题跋。同时，苏辙则作《龙眠二十咏》，品题山中20处胜景。

黄庭坚也多次赋诗专吟龙眠山，其中有诗云：“诸山何处是龙眠，旧日龙眠今不眠。闻道已随云物去，不应只雨一方田。”自此，龙眠山声名鹊起，吸引众多雅士名宦来此吟游筑园。

《龙眠山庄图》（局部） 宋 李公麟

自宋代李公麟修建“龙眠山庄”后，又有前文所提到何如宠在此建“泻园”，张英的爷爷张士维建“半亩园”，左光斗建“三渡庵”和“寒知阁”……

这些庄园楼台，映衬着飞珠溅玉，怎能不让人心旷神怡、诗兴大发。

“一溪流水碧如蓝，日暖溪花醉欲酣”，张英也动了建庄园的心思。不过，他修建园子的主因，却不是风景。

夫妻情深

在张秉彝的葬礼结束后，张英就准备启程回京。谁知，经年办公的辛苦，再加上为父择坟的风霜，让他旧疾复发，难以动身，只得上疏延长假期。

休养期间的张英，在计算收支情况时发现，为亡父购买了墓田之后，康熙皇帝赏赐的钱财还剩一半，足够建一所园子。这座庄园可以让自己和家人在山中修身养性、读书学习，还可以躲避红尘喧嚣、人事纷扰，当然，也可以让自己和妻子颐养天年。更重要的是，这所园子可以作为对皇恩的纪念。

于是，破土动工后，张英把新建的庄园，命名为“赐金园”。园中除建有香雪草堂外，另设有东、西、南、北四轩，还有碧潭、松径、竹坞、红亭……凡此种种，不一而足。

其中，张英和夫人最喜欢的是北轩，二人常晚坐于此，或赏景，或饮酒，或赋诗，自得中年夫妻的默契之乐。张英写诗记录道：“山妻解伴於陵子，相对芙蓉一水亭。”

二人少年结缡，至今已有30载，夫人为这个家的操劳，张英都看在眼里，记在心上。所以，他一有好消息，都会先跟妻子分享，还会选在温馨的场合告知。当他得到皇帝准予休假的消息后，特地在开花的建兰前告诉了妻子，并作诗言：“近得乞休消息好，应知喜色上眉端。”他还为夫人和诗两首，诗中说：“同心言语气如兰，莫道花时共赏难。”并委婉地许诺：“携手偕为仙侣去，芙蓉岛在白云端。”

如今，张英与夫人在北轩共赏芙蕖，也算践行了三年前关于“芙蓉岛”的诺言。但是，张英觉得还不够，他亲自挑选了一把扇子，并作诗一首，写在扇面上，赠送给夫人。

张英在诗中肯定了夫人的才情，他认为妻子的才华，像东晋咏雪的才女谢道韫那样出众，但与谢氏不同，她并不以才华自夸，反而低调内敛、勤俭朴素。在张英眼里，自己的夫人是真正的“福慧双修”。他对自己与夫人的晚年充满期待：“他年鹤发香庄处，竹径荷亭景最清。”寥寥十数字，夫妻间的理解和欣赏便跃然纸上。

有人说，夫妻和睦才是给孩子最好的家教。也许，正是因为张英夫妇的和谐，张廷玉兄弟才能如此出色。

父子共游

光阴似箭，张英觉得好像前一天还在为夫人选择扇子，后一天就已经是秋风萧瑟了。令他欣慰的是，儿子们的成长似乎比时光更快。

或许是幼年时嬉子湖畔的记忆太过深刻，张英也像自己的父亲张秉彝一样，并不介意陪着儿子们一起玩耍。他带着二子张廷玉和三子张廷璐，同游龙眠别业。

父子三人走过青松径，穿过芙蓉障，就踏上了湖心亭。一路上，张英很有耐心地跟孩子们讨论诗词，对童言稚语十分上心。孩子们有父亲陪着玩，也很开心，对父亲作诗的要求并不排斥。在看到张英指着池中莲花时，9岁的张廷璐抢先赋诗，得到了父亲的肯定。年岁略长的张廷玉虽然不及弟弟嘴快，但才思敏捷，一小会儿工夫，就能作出两首诗来。张英喜出望外，也写诗道："喜看玉儿刚十二，也能捉笔咏寒蓉。"

事实上，张英虽然公务繁忙，但并未忽略对儿子们的关心。他清楚地记得孩子们小时候的事情。

张廷玉刚学说话时，说一个字都费劲，但到10岁时，他就能诵读《尚书》与《诗经》，给了家人一个小惊喜。如今他随口七言，就十分入耳，令张英甚是欣喜。

与张廷玉相比，张廷璐的变化就更大了。张英记得回老家前，这个三儿子还总对着长辈撒娇，披着被子在床上自娱自乐，甚至娇憨地索问父亲返家的日子，而他这么做却只为了窃取盘子里的细果点心。这让张英哭笑不得，特意作了《嘲璐儿》一首，以示纪念。然而，不过二三年工夫，张廷璐就懂得了应对礼节，只有在与哥哥抢着作诗时，还有几分童年的影子。

张英感慨着，又和儿子们玩了半日，就到了吃饭的时间。吃着张夫人做的饭菜，一家人是其乐融融。

张家做的菜，十分讲究。不是说做工有多么精细、材料有多么名贵，而是说这些菜肴在注重风味搭配的同时，更注重养生调理。这是很必要的，因为张英在安葬完父亲后，就一直处于治病休养期。

事实上，张英在年轻时身体就不大好，他20岁时得了场大病，一病就是三年。多亏了张夫人亲侍药饵，调理饮食，张英这才慢慢恢复。这次归葬亡父，张英又病成这样，张家在吃饭时自然更注重养生。比如，张家人每日最多吃一种荤菜；饭后会泡茶，以通利肠胃。

张英把自己的经历进行了梳理，写了《饭有十二合说》，以劝导子孙注重健康。在这份经验总结的最后一部分，是讲吃饭的伴侣："或良友同餐，或妻子共食，但取三四人。"

事实上，桐城张家还有个人，比张英还会吃，比张英还会玩，更适合成为吃饭的良伴。这个人就是张英的二哥张载。

手足同乐

自返回桐城，要为父择坟，要将养身体，要教导子孙……张英虽然比在京时悠闲很多，但也常有琐事绕身。他一直没有好好地与自己的兄弟聚一聚，跟自家的手足谈一谈。于是张英与张载约定，秋天的时候一定到松湖去，好好跟二哥聊一聊。

之所以约在秋天，是因为张家二嫂的一句玩笑话。她曾对张英说："田家的生计在春夏，你二哥的生计却在秋冬哩。"

原来，张载的门口有一水泊。每年，水上能发数万枝荷花，足见水泊之大。水泊的外围是一道长堤，连接着左右的山麓。堤外就是烟波浩渺的大湖，湖中有渔船隐隐出没。张载年老后，把田产分给孩子们，自己专以打鱼为业。所以，一到秋冬，就是他收获的时候。

跟兄弟分享丰收的喜悦，是张载极其高兴的一件事。所以，他比往年更精心地准备渔猎。

张英一到哥哥家，最先被吸引的就是一座人来人往的土楼。为了捕鱼方便，这个土楼离湖只有十多步。围绕小楼的，是各色各样的林木花卉，其间，有千株同样的果树，果子均已摘完。

只见柳径柴门前，张载笑着问弟弟："你来看看，这些都是什么树？"张英对着哥哥行礼后，也不直接说答案："我记得兄长说过，若要建园子，只需要几大斗的桃核就够了！"张载听了，哈哈大笑。兄弟二人便携手走进林子。

林中另开凿了一个小池塘，池上有桥有亭。原来，张载若从湖中打到上等好鱼，就蓄养在这池子里，以备不时之需。张载指着池塘对弟弟说："你若住我这儿，保管天天鲜鱼不断。"张英微笑应诺。

渐渐地，林子外的人越来越多，张载便带着张英走出桃园，与众人同聚。

每年的这个时节，张载都会召集附近的庄农，大家一起准备舟楫、织网捕鱼。庄农们按照约定，拿走部分网到的鱼，就算是张载给大家的佣金。在这之前，张载往往大摆酒宴，先期犒劳各位乡亲。现在，正是众人聚餐的时刻。

这时候，张家二嫂在内忙着准备酒菜，张载的仆从在外忙着持壶倒酒。张载则往来于宾客间，殷勤劝酒。素来喜静的张英，也被乡邻们的欢声笑语所感染，觉得心情非常舒畅。

酒过三巡、菜过五味后，众人也把要说的话差不多说完了，就谢过张载一家，尽兴离去。

当然，无论住得有多近，张载都是断不肯让弟弟就这样回去的。他早就另备了精巧小宴，准备与张英把酒赏月，还命奴仆收拾了房间，要与兄弟联床夜话。

就这样，张英直到第二天才离开哥哥家。

“白发渐添伤岁晚，青山一见觉身轻。”与二哥的聚会令张英身心愉悦；同时，张载开阔的心胸让他领悟到了一个安心之法。

再避风云

我们知道，张英的个性与张载不同。或许是因为公务的关系，张英为人极其谨慎，心思极其细密。

中医讲“思则气结”，长期思虑过度，身体怎么能够真正好起来呢？所以，张英一直找寻安心之法，直到四十六七岁，他才有所开悟：凡是喜怒哀乐、劳苦恐惧的事情，只用五官、四肢来回应就可以了，心中要留有方寸之地，什么情绪都不往里放，让内心变得光明而平静。

正是用这样的修养之法，张英的心渐渐清静下来。

而此时的朝堂，却没有那么清静，反倒是山雨欲来、风起云涌。

前文提到，在吴三桂起兵后，以明珠为首的大臣们坚决支持皇帝削藩，得到了皇帝的信任。可以说，在三藩之乱结束后，明珠一党稳稳占据了上风。

但是，风水轮流转，花无百日红。在收复台湾的问题上，索额图与明珠又产生了分歧。明珠与台湾和谈失败后，也就是在张英归乡的第二年，施琅率军渡海收复台湾，让支持攻台的索额图一党略胜一筹。

此后，两党之争，各有胜负。

张英在这段时间内为父择坟，恰好避开了“站队选择”的时间，实在是非常幸运。稍微读过史书的人都明白，政治上“站错队”或者“跟错人”，不但有可能断送自己的性命，甚至还会祸延九族。

有人会说，可以先选择中立，碰到具体政务时对事不对人。这样说的人，可能已经忘记张英当初因“撤藩”而差点送命的教训了。事实上，在三藩之乱初起时，张英并不属于明珠一党，如果说要划分党派的话，他也只是属于“帝党”。结果，索额图一派在对付政敌时，把张英这个官位较低的人，也列在对手名单之后。若不是康熙皇帝一力承担，只怕是“神仙打架，小鬼遭殃”，张英会第一个被开刀。而明珠一派，则因为张英并非核心成员，不会尽心为他开脱，甚至有可能袖手旁观。所以，中立的人，如果没有更高明的手段和智慧，很可能在党争一开始时就被消灭掉。

张英对这一切，还是比较清楚的。因此，他在向皇帝延长假期后，选择了好好地放松，而非抓紧时间养病。证据是，他原本应提前九个多月返朝。

详情是这样的：在张英归乡的第三年冬天，康熙皇帝御驾南巡。张英提前赶到秦淮去迎驾。一见面，康熙皇帝就先询问张英的身体状况，并赐下御书。随后，康熙皇帝又屡屡召见他商榷公事。快过年时，皇帝还按照以前的南书房旧例，给张英赐下羊酒、鹿雉等物。这一连串的举动，其实就是要他返朝的暗示。但张英没有动身。当然，也可能是他的身体真的还需要调养。

冬去春来，康熙皇帝有点心急了。他特意召见了张廷瓒，在询问了张英的健康状况后，直接询问启程日期。这让张廷瓒有一瞬间的惊讶和疑惑。正常情况下，“病来如山倒，病去如抽丝”，哪能说在什么时候好就在什么时候好呢？张廷瓒虽然不清楚皇帝询问的真实原因，但他并不愚蠢。在想了想家乡传来的关于张英的消息后，他选择了一种比较保守的说法：“家父的身体正在慢慢地痊愈，大概秋天就能动身。”

于是，张英就只能在秋天痊愈并启程。事实上，他在夏天痊愈都是不可以的，因为有可能会让张廷瓒留下“欺君”的把柄。谨慎的张英，是不会给儿子留下丁点儿隐患的。

因此，康熙二十四年（1685年）的农历七月，也就是孟秋时节，张英再次入京，扎进了刀光剑影的旋涡。

第四章

行走在峭壁边上

乡居四年，并未磨掉张英的谨慎。

返朝后，面对着明珠、索额图两党之争，张英并不表态，只是本分地做着自己的事情。因为他已经预料到，皇帝对他另有安排。

第一节　登顶险峰

按照惯例，休假归来的张英官复原职，他继续担任日讲起居注官。

此时，大清与俄罗斯屡屡发生冲突。在张英返朝的那年五月，俄军退居尼布楚。次年正月，俄军再度袭来，重据雅克萨。这时候的张英，虽然以“中央秘书”的身份常常预备着皇帝的咨询，但是并没有把这些战事放到优先关注的位置。

兄弟的支援

作为文臣，张英的职业晋升道路自然与武将不同。他在返朝后的第二年三月，升任翰林院掌院学士兼礼部侍郎，并教习庶吉士，同时，他还担任了《政治典训》的总裁官。

谁知，“文事”未了，“武事”已到。这一年的十二月，张英升任兵部右侍郎。他亟须补充军事知识。要想在短期内对国家的军事详情快速把握，张英需要一件重要的工具——舆图。

舆图是一种地图。“舆”的本义是承载物体的车底座，舆图便是包罗地面万物的绘图。治国之人，无不对舆图十分重视。所以，就在张英进入兵部的这一年，康熙皇帝下令说：“肇开馆局，网罗文献，质订图经……厄塞山川，风土人物，指掌可治，画成地图。”可见，舆图中不仅有山有水，而且有风土人情和地物特产；不仅有科学性，而且有艺术性。它与百年后外国流传过来的地图大不相同，这是后话不提。

只说当下，皇帝下旨“网罗文献”，臣子百姓谁敢不从。张英自然也把这个消息传回了桐城。当然，同时传递回老家的还有他任职兵部的讯息。

这两道看似没什么关联的消息，却让张英的兄弟忙碌起来，特别是向来闲散的张家二哥。张载深知，张氏一族的家教，在经书文学方面非常充分，而军事地理方面就有点欠缺，要了解兵部的公务，怕是少不了跟舆图打交道。

于是，离家一年的张英就收到了二哥的“亲情支援”。由张载亲手绘著的舆图很快就摆上了张英的案头。这份地图十分详尽，不仅有山川地理，而且有历史沿革，就连地方旧事也用极小的字记录在图纸上。方寸之中，竟然包含了数百字，几乎称得上是“小于蝇头”了。

早已白头的张载，由于隐居修养，到老依然目力不衰，他绘制这份舆图自是力所能及。只是苦了已经50岁的张英，几乎分辨不出那些微小的文字。但这些许的不便丝毫不影响亲情带来的温暖，反而让张英更加积极地投入新职位要承担的工作中去。

事实上，康熙皇帝关于“地图”的谕令，不是为了清廷与沙俄的战事，而是为了修纂《大清一统志》。但这旨意却客观上促进了舆图的绘制工作，为第一幅全国地图《皇舆全览图》打下了基础。直到康熙二十八年（1689年），中俄签订了《尼布楚条约》后，皇帝才真正认识到了舆图在军事行动中的重要作用，并下令购买西洋的测绘仪器，引进海外的地图绘制技术。

但是，张英可能再也用不到舆图了，因为他这个兵部右侍郎只做了三个月。

署理刑部

康熙二十六年（1687年）三月，刑部主管官员缺位。

就像张英在兵部任职一样出人意料，康熙皇帝任命他署理刑部。可能是为了减轻张英“空降”新部门的压力，也可能是为了缓解刑部、大理寺等相关部门的情绪，康熙皇帝下谕令说：“我深知张英为人谨厚慈祥，让他管理刑部，一定没有滥用职权、枉顾人命的事情发生。”

正如皇帝所预料的那样，张英对新工作非常认真。需要注意的是，这并不意味着他原有的公务就可以搁置，他还要履行日讲起居注官的职责。于是，张英比之前还要忙上十分。

白天，张英要供奉内廷，陪君伴驾；夜晚，他要翻阅卷宗，核查案件。就这样，他每天都忙到半夜三更，几乎是刚合眼一小会儿，就到了上早朝的时间。

夜以继日的繁忙，并没有降低张英的工作绩效。他甄别假案、错案，为含冤者平反，所办理的刑部公务，无不让皇帝满意。仅仅管事50天，张英手中就活命百余人。

这样的工作业绩，并不只是来自桐城张家善于断案的遗传，也不单是就职期间的宵衣旰食、全力以赴，更主要的是来自以前“秋审”的经验。

秋审，是清代的案件审判制度。每年八月，各省会把死刑案件上报朝廷，进行最后的复核与决断。如果案件被定为“情实”，囚犯就会被秋后问斩。在参与秋审的审议时，张英力求明正公允；面对着人命关天的大事，他更是慎之又慎。

所以，他对于案件的处理态度和判决方式，早在署理刑部前就已经形成。可以说，张英到刑部任职，是熟练工上岗，完全能够胜任。

谁知，不到两个月，康熙皇帝就将张英调任礼部右侍郎，并下旨让他充任经筵讲官。

短短半年时间，从礼部到兵部，再到刑部，最后又回礼部，在圣心难测的情形下，张英如临深渊、如履薄冰，做官做得十分艰难。

但是，没有最难，只有更难。很快，张英就得到了一份天下最难的工作——兼管詹事府。

难上加难的官

康熙二十六年（1687年）九月，张英奉旨转任礼部左侍郎，兼任翰林院学士，并兼管詹事府，处理詹事要做的各项事宜。

詹事即给事、执事，秦代初置，西汉沿置，主掌皇后、太子家事。詹事府就是处理皇后家族、太子家族及东宫的各项事务的机构。

人们常说，清官难断家务事。要处理天子家事，那更是难上加难。

康熙皇帝的皇后都不长寿，自太子的生母赫舍里皇后去世后，皇帝的第二任皇后只活了半年也病逝了，甚至没有留下一儿半女。康熙皇帝的第三任皇后是在病重时册封的，她在皇后位置上只活了一天。此后，再没有哪个妃子能在活着的时候，成为康熙帝的皇后。

在张英处理詹事公务时，康熙朝的第二任皇后已经离世十年了。因此，詹事府要处理的事情，绝大多数与太子有关。但这并不意味着詹事工作的轻松。

原因如下：

第一，康熙皇帝对太子的培养十分重视，詹事府的事情稍有差池，定会受到重罚。

第二，皇太子是索额图的侄外甥，皇长子则与明珠有亲戚关系。索额图、明珠的党争，自然会影响到太子，进而影响到詹事府。

第三，太子作为未来的储君，本身会给身边的辅佐之臣带来压力。类似张英这样由皇帝派来的侍臣，辅佐好了，自然罢了；倘若辅佐不好，惹怒了太子，等他即位，则有杀头的危险。

第四，张英在兼管詹事府时，皇帝命令他“侍从东宫，朝夕进讲经书”。这意味着他会与太子其他的老师形成新的竞争关系。

第五，张英待在东宫的时间越多，证明他陪伴皇帝的时间越少。可能会因为这种疏远，失去一个重要的保护伞。

第六，张英兼管詹事府，并不能免去他在礼部与翰林院的公务，百忙之中，难免出错，极易被他人抓住把柄。

由于张英奉命侍从太子，所以，他的忙碌程度，与太子的日程安排息息相关。

每日寅时，也就是凌晨3点到5点，太子要在无逸斋读书并复习功课，以备师傅到来。这个时辰，张英也必须要启程赶往东宫。

到了卯时，也就是早上5点到7点之间，张英就要和其他的太子老师一样，开始讲解经书。他写诗记述道："广厦延朝旭，陈编惬睿情。"

之后的辰时，也就是早上8点左右，康熙皇帝会过来检查太子的学习情况。这时候，教导太子的张英等人恐怕会比太子还要紧张得多。

等康熙皇帝离开，在早上9点到11点的时候，太子练字作文。张英在陪伴太子的同时，还要偶尔照看一下年迈的同僚。他虽然已过五十，但比年近六十、伫立时久的其他老臣，在体力上要好一些。

中午，太子一般会赐给诸师傅午饭，张英等人需要叩头谢恩后才能用餐。然后，众人没有午休，要跪请太子继续学习。

随后的未时，也就是下午的13点到15点，张英等教导文史的师傅终于可以稍事休息了，因为这个时辰是太子习武射箭的时间。

紧接着的申时，也就是下午的15点到17点，张英等人又要打起十二分的精神来。康熙皇帝再次驾临无逸斋。他还带着皇长子、皇三子、皇四子等人，命他们为太子侍读。

眼见日头西斜，时间已到酉时，也就是晚上的17点到19点，张英等人还要陪侍皇帝考校皇子的武艺。待皇帝离开，太子的师傅们才能结束一天的公务，各自还家。

然而，对张英而言，他作为礼部侍郎和翰林院学士的工作还需要继续加班。回家，并不意味着可以立即休息。他的一天通常要到半夜才算结束。

就在这样的忙碌中，就在张英主管詹事府的冬天，他向皇帝进呈了一份100卷的书稿。这是一部从康熙十年（1671年）就开始编写的书，书名叫《孝经衍义》。

然而，这部书让皇帝变得更加难过。

第一次降级

康熙二十六年（1687年）十二月，孝庄文皇后逝世。康熙皇帝为此割辫服哀，亲自在慈宁宫守丧。

众所周知，康熙皇帝几乎是由自己的祖母教养长大的。所以，他对祖母非常孝顺。当祖母再也不能感受自己的孝心后，再看到《孝经衍义》时，康熙帝难受的心情是可想而知的。

这一点，众位大臣都心知肚明。

于是，朝廷上下除去敬守本职外，无不万分小心，生怕在这样的节骨眼上犯下错误、惹怒皇帝。张英自然也不例外。

谁知，怕什么来什么。康熙二十七年（1688年）正月，陈世安上疏弹劾张英。

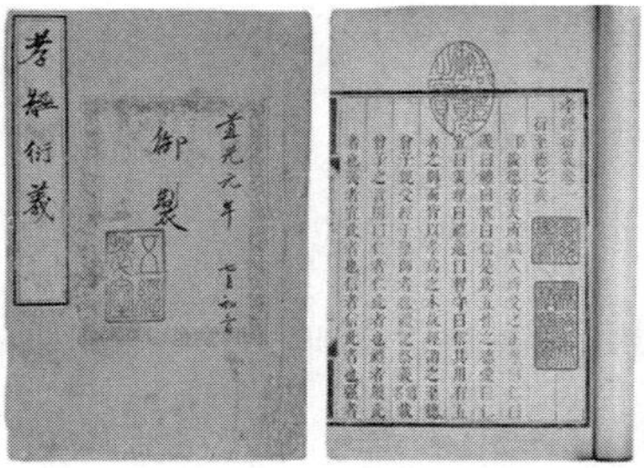

《孝经衍义》

弹劾的奏疏是这样写的：张英在孝庄皇后的大丧期间，没有和礼部尚书等人亲自督察官员检阅旧章，对于典礼也没有会同参详，甚至不理睬属官的请见。在官员们询问祭祀日期、跪送礼仪时，张英等人甚至出现过茫然不知的情况。希望朝廷对这种尸位素餐、偷安自便的罪过加以处分。

这份奏章表面是说张英等人履职不力，没有尽到礼部臣子应尽的责任，实际上说的是对康熙皇帝祖母的不尊重，归根结底就是一个罪名："大不敬"。这可是刑法规定的十恶之一，是不可饶恕的。

于是，当康熙皇帝给予几位礼部的"被告"一个申诉机会时，张英立刻就为自己进行了辩解。他上奏的大意是：我早晚都在永康门办理礼部公务，同时还兼办翰林院的事务和临时接旨要处理的一些事宜。我亲自带领下属检查典礼的规制，也没有过不回答朝臣疑问的情形发生。对于祭祀日期等事项，一接到旨意，我就通知有关人员，从来没有错误。

总之，张英说了这么多，就是一个意思：陈世安弹劾我的事情全部不属实。有意思的是，张英在辩解词的最后，也请求了对自己的处分，但理由是"素无才能"，惩罚了我这种人，可以"为不职者戒"。换句话说，就是张英认为自己的罪名是"一直没本事"，处罚了自己，可以让那些不好好工作的人有所警诫。

这实际上说的是废话与假话，明眼人都知道，张英要没有点真材实料，怎么能得到皇帝的重用呢？但这句话又不能不加。因为这话表明了为朝廷考虑的想法，表达了张英谦敬的态度，展示了他面对弹劾的低姿态和高品性。

从另一个角度来看，张英的辩解状很好地反衬了弹劾者的强横、无理与不顾大局。面对着为孝庄皇后治丧这件举国重视的大事，不好好地表示哀伤之情，却把目光投注在同僚身上，纠缠于无关国是的细枝末节，这样的人真是没有大局观念。可以说，张英对陈世安的反击是一点也不含糊，完全称得上快、准、狠。

值得一提的是，陈世安此时的官职是给事中，官阶为正七品。而张英此时为礼部侍郎，官阶是正二品。此次弹劾案的结局，好像已经注定。

但事实是，经过奉旨调查，吏部认为张英没有与满族官员在一处商讨各项事宜，是不对的。最终的处理结果是：张英被“降五级调用，得旨，从宽留任”。也就是说，一夜之间，堂堂的正二品官变成了从四品。

事情到此，几乎就算是结束了。但在两个月后，也就是康熙二十七年（1688年）三月，索额图带队与沙俄谈判并签订《尼布楚条约》时，随行人员的名单中，赫然就有陈世安。我们知道，由于三藩之乱时，张英与明珠站在一个队伍，同持撤藩的态度。后来在为太子选择良师时，明珠反对索额图提名的汤斌，却对张英没有异议，再加上公务往来，张英被一些人划归明珠一党，也不是无端猜疑。而此时，索额图与明珠的斗争，几乎已经到了白热化的地步。

可以说，即便张英不参与，“党争”也会找上他。

当然，事情的真相与其背后的博弈，我们今天已无法详细得知。也许，这个案件很单纯，就是吏部揣测皇帝心意，对天子近臣小过失的惩处吧。

不过，我们可以预料到的是，同样是受罚，张英要比同僚们安心，因为他的家人很省心。

张夫人诫子

按照《清史稿》中关于礼仪的记载，碰到像孝庄皇后去世这样的国丧，要“音乐、嫁娶，官停百日，军民一月”，此外，还有49天内不准屠宰等诸多禁忌。

张英对涉及家事的规定，都很放心。他的妻子、诰命夫人姚氏自然会打理得妥妥帖帖，即便张英一时有想不到的地方，夫人也会替他考虑周详。

前文讲了，在孝庄皇后去世那一年，张英从刑部、兵部再到礼部，最后到詹事府，整个人忙得席不暇暖，难免对家人有所忽略。

这时候，张夫人这位贤内助的功劳就显现出来了。事实上，自从张英一家迁到京城居住，特别是搬入紫禁城内左门后，张姚氏的为人处世就越发为邻里所称道。左右邻居甚至称呼她为“老佛”，足见张夫人的慈爱与谦和。

在张英处于风口浪尖之时，张夫人会告诫儿子小心履职。她并非一味地唠叨，而是抓住时机，有例证、有说理地来教导儿子。

就在张英入东宫、侍太子的同时，张廷瓒被派往山东主持考试。张夫人在为长子送行时，特意问了儿子几句话：“你初入翰林院时，为娘跟你说的话还记得吗？”见长子点头称是，张夫人继续问道：“你参加乡试、会试的考务工作时，答应我的事情还想得起来吗？”看着儿子继续称是，张夫人才稍微松了口气。

抚平了张廷瓒衣服上的褶皱，张夫人像以往的送别那样，端详着儿子的脸庞。她欣慰地看到，儿子的脸上没有一丝一毫的不满和不耐烦，就继续说道："我自从嫁给你父亲，看到他在处理与考试相关的公务时，一直是清清白白。即便是在内廷处理类似事务时，宁可与朋友产生争执，也决不敢违背原则。就这样，他人在这方面，从来不说你父亲的闲话。你要谨守原则，决不能落人口实。"

听了母亲熟悉的话语，张廷瓒像以前那样，恭敬地行礼，以示遵行。

事实上，不只是张廷瓒去山东主考，在张廷玉长大后负责考务时，张夫人都用同样的话语来告诫儿子们。而张廷瓒兄弟都把母亲的话作为家训，履职严谨，没有做一点让张夫人不放心的事情。

有这样明理的家人，自然有和睦的家庭，自然也会万事兴旺。偶尔的挫折，不过是登顶险峰的阶梯罢了。

但是，好事多磨，好消息总是慢慢地从时光的缝隙里，一点一点地漏出来。

攀临顶峰

康熙二十八年（1689年），皇帝南巡山东。

连降五级的张英，依然没有被皇帝所厌弃。他随驾游幸，一直跟到了珍珠泉。

看着晶莹的泉水，康熙皇帝突然来了兴致。他亲自书写了"作霖"两个大字，表达对救旱之雨的希求，展示了自己作为天子对百姓的关怀。

"独乐乐不如众乐乐"，康熙皇帝写完，又命随行大臣都来写字。这考校的，恐怕不仅仅是书法功底。

在下笔前，张英想到了党争的旋涡，想到了为臣的本分，想到了为学的心境，想到了做人的根本。于是，思索片刻后，他写下了“澄怀”二字。澄澈胸怀，意味着静心和清心，正切合张英为父择坟后悟出的养心妙法。再加上他养气下笔的书法功夫，这幅字在现场大臣中着实出众得很。

而这两个字显然也触动了康熙皇帝，所以，皇帝回头看着众位皇子，下令说：“好好瞧瞧，看他如何用笔。”自然而然，张英与“澄怀”便成了在场的亲贵大臣们的焦点。最后，这两个字被刻碑勒石，永久地留在了珍珠泉亭。

事实上，张家与这两个字非常有缘。圆明园的一个附属花园，就叫“澄怀园”。这所园子别名“翰林花园”，是供南书房和上书房的词臣休憩用的。从雍正三年开始，这座园林就变成了南书房与上书房翰林的直庐。因此，张英的儿子张廷玉写的家训，就叫《澄怀园语》。

这都是后话暂且不提，眼前的这幅书法似乎真的预示着张家的好运连连：

先是张廷瓒在这一年迁官左右中充，并选授日讲起居注官。到了十二月，张英升任了工部尚书，正式跨入一品大员的行列。又过了不到半年，张英奉旨兼管了翰林院掌院学士事，担任《大清一统志》和《礼记日讲解义》的总裁官。一个月后，他调任礼部尚书，同时仍然兼管詹事府。

这时候的张英，以一人之力，肩挑三份要职，入则为帝王敬献策略，出则替朝廷发布文诰，许多礼仪典制都由他参与制定，而那些传播到乡野的旨意，也大多出自他的手笔。

当时的人们评论官员时说：“阶莫重于尚书，选莫荣于学士。”也就是说，官阶没有比尚书更重要的，官职没有比学士更荣耀的。而张英居然二者兼有，足见他的才干，也足见他的盛宠。

但就在众人艳羡不已时，张英却没有丝毫欣喜过望的表情，他有着自己独特的看法。

第二节　高处不胜寒

在留给子孙的家训《聪训斋语》中，张英特意强调了一句话：“人生必厚重沉静，而后为载福之器。”

他正是抱持着这样的心态，在宦海沉浮中从容应对潮起潮落。

第二次降级

张英在做礼部尚书不久，大概三个月之后，他又被降级了。

事情的概况是这样的：

翰林院编修杨瑄为阵亡的都统佟国纲写了篇祭文，康熙皇帝认为文中有“引用悖逆”的地方，是张英审阅不详的缘故。于是，张英被降四级调用，革去了礼部尚书一职。

事情的详情是这样的：

康熙二十九年（1690年），清帝第一次征讨噶尔丹。谁知，噶尔丹自认为有沙俄做后援，一路长驱直入，打到了距离北京城七百里的乌兰布通，并在此地大败清军的右路军。这让康熙皇帝极度愤怒，他立即命令清军反击，很快就用大炮轰走了噶尔丹。虽然清兵最终取得了胜利，但在情绪起伏不定的时候，皇帝得到了其亲属战死的消息。

这位战死的皇亲国戚，就是康熙皇帝的亲舅舅佟国纲。他此前护卫同样是皇亲国戚的索额图与沙俄谈判，并见证了《尼布楚条约》的签订。在从征噶尔丹的过程中，他没有表现出丝毫的畏惧。特殊的身份与忠勇的表现，让皇帝对他的死亡非常重视。于是，康熙皇帝下旨，令翰林院为佟国纲撰文祭祀。

负责写祭文的官员中，有一位文采特别出众的人，叫杨瑄。这位杨翰林家学渊源，才华横溢。他幼年所拜的老师被赞为“放笔为文，浩瀚莫御”。优良的庭训与师教，再加上个人的勤奋，杨瑄在翰林院的文笔是出类拔萃的。他的祭文，扬葩振藻，融典故和修辞为一体，注定会引起关注。在文中，杨瑄用五代将军王彦章来比拟佟国纲。

王彦章是后梁名将，他骁勇善战，常持铁枪奔袭，奋疾如飞，罕有对手，被众人誉为“王铁枪”。可以说，用王将军的勇武来暗喻佟都统，是绝对的赞誉之意。悲剧的是，王彦章的结局并不好。由于梁末帝的昏庸及其他种种原因，“王铁枪”被俘，最后被处死。从这一点来看，佟国舅是幸运的，他没有被俘，而且效忠的是英明的康熙皇帝。

但就是这个比喻，让皇帝极为不满，他下诏斥责杨瑄写的文章，大意是：“关于佟国纲的祭文，居然引用了王彦章的典故，怎么能如此悖谬！杨瑄写的祭文，对于旗人官员，每每隐藏着不美好的言论，而对于汉人官员，则常常用铺张粉饰的修辞。这究竟是什么意思？”

于是，杨瑄被放逐沈阳。而张英作为杨瑄的最高主管翰林院的掌院学士，同时作为经常陪侍在皇帝身边的近臣，居然能看到这样的文章而没有谴责和批评，这让康熙皇帝怎么能不生气？降级、革职，是一点儿商量的余地也没有。

其实，我们能够理解张英，对于这样一个小瑕疵，日日忙碌的他难免百密一疏。而且，张英本身是汉人，对于满人的想法肯定不能感同身受。事实上，以杨瑄笔底生花的本领来看，很多汉臣甚至可能觉得这个典故用得很好。

当然，这些想法是不会让康熙皇帝知道的，而且，即使是皇帝知道了也没有用。所以，官员们都是老老实实地“君叫臣死，臣不敢不死”。

对张英而言，有了第一次降级的经验，又保持着很好的心态，再次降级的日子于他并不难熬。

过了不久，张英的长子张廷瓒升任了翰林侍讲学士，之后又做了侍读学士。“失之东隅，收之桑榆”，张英对二次降级，甚至感到高兴。他为人一直是“不骄盈、不诈伪、不刻薄、不轻佻”，在宦海沉浮中，自然赢得了同僚的尊重，能够与满汉大臣都融洽相处。

两尚书论命

康熙三十一年（1692年）十月，张廷瓒升职之后，张英正好降级满两年，他再次复任为礼部尚书。

一天，他碰到了吏部尚书库勒纳，便跟“库公”寒暄起来。

实际上，张英的这位同僚姓瓜尔佳，是满族镶蓝旗人。有人可能会认为，标准的称呼是瓜尔佳公，但满族人称名不举姓，所以张英称呼人家为库公。行过礼后，张公、库公两位尚书就跟寻常友人会面那样开始闲聊。

库勒纳尚书主管全国官员的考任事宜，自然知道最新的官员调动状况。张英两起两落，依然不悲不喜，他是看在眼里的，于是言谈中自然带出了几分对官员升降的命数之叹。

闻弦歌而知雅意，同僚对自己的看法，张英心中有数，他幼年得姚文然教导，对“君子知命”早有深刻的思索。在仕途历练后，他对这一点的感悟更深。但将近60岁的张英没有用华丽的语言来阐述自己的体会，他只是淡淡地道出了自己的想法：“世人只因不知命，不安命，生出许多劳扰。圣贤明明说与，曰：‘君子居易以俟命’。”

库勒纳尚书也是通透之人，听了张英的话，立刻联想到了新近发生的一个案子。他告诉张英，有一位姓鹿的御史，因为履职不当，被流放了。张英很感慨。他认为，如果这位御史在任上不怕丢官，无论怎样得罪人的奏章都敢于上报，又怎么会落到现在这个下场？言外之意是说，那位鹿姓官员如果能为了履行御史的职责而拼命上本，最多也不过是得个跟现在一样的结果罢了，说不定还能留个美名。

库公熟知大清吏治，这样的事情见多了，也只是感叹命运无常。而张英却逆向思考后，再次提出了自己的观点。他认为，鹿御史在自己的职位上庸庸碌碌，终究还是改变不了被放逐的命运。因此，做人虽然不应该冒险，但是遇到与大节相关的事情，则要明了自己的职责所在，坚守正确的立场，才是真正的“知命”，才不至于因利益而损害到了正义。

张英的这些观点，让库勒纳点头赞同。而能让吏部尚书认同的经验，肯定能让后人少走一些弯路。

于是，张英特意把这段官场生涯中的小插曲记了下来，作为家训《聪训斋语》的结尾。

"六尺巷"的各种版本

正因为张英"知命"，所以他有所敬畏。有所敬畏，使得他更加惜福，也更加懂得退让之道。

有人说，张英这种容让的品德，还与他们家的风水有关。我们知道，张英在京城的住宅，是皇帝赐予的，并不完全属于他。只有桐城老家那座让张英养老的宅子才是张英心中真正的家。这个家的位置恰好在桐城的西南方。

稍微懂点易经的人都知道，在后天八卦中，西南方对应的是"坤卦"。《周易》中讲："地势坤，君子以厚德载物。"所以，张英在处理有争执的事情时，会采取"谦退"的方式。关于此，有一个流传至今的"六尺巷"的故事。

故事的本身非常简单，就是讲礼部尚书张英在某日收到故乡来信，信中讲自家和邻家因宅基地的边界起了纠纷，于是，张英就写诗教育家人道："一纸书来只为墙，让他三尺又何妨？长城万里今犹在，不见当年秦始皇。"结果，张家率先退后三尺，邻居被感化了，也退后了三尺，在当地形成了一条"六尺巷"。

就是这样一个单纯的小故事，版权问题却非常复杂。

六尺巷

原来，类似的故事和类似的诗，在张英之前与张英之后，都流传了不少的版本。

最早关于“让地”的故事，是宋代欧阳修讲的。他在《归田录》里引了南唐工部尚书杨玢的一首诗。诗歌写作的前因是杨尚书的旧居被邻里侵占，杨家子弟想要告状，就先通知了杨玢。谁知，杨尚书写诗说：“四邻侵我我从伊，毕竟须思未有时。试上含元殿基望，西风秋草正离离。”

此后，明代的尚书林瀚也碰到了同样的事，他也写了首诗来教导家人。诗名是《诫子弟》，诗的内容与张英的类似：“何事纷争一角墙，让他几尺也无妨。长城万里今犹在，不见当年秦始皇。”不仅仅是林瀚，明代的尚书郭朴、尚书杨翥和状元舒芬也都遇到过类似的情况，并都有诗作流传。

朝代更替后，年长张英28岁的清代名臣傅以渐，以及在张英之后的清代理学家胡煦、状元王杰和名画家郑板桥都碰到过类似的事情，并写了类似的书信来处理。

此外，还流传着故事基本相同的几个版本的“六尺巷”的故事，只是有所作诗句不完全相同的几位主人翁，如纪晓岚、何绍基、曾国藩等。

其实，关于“六尺巷”和“六尺巷诗”的版权之争，人们恐怕一时难以厘清。但是，从“英雄所见略同”的角度出发，张英在尚书的位置上做到“宽容大度”和“吃亏让人”，无疑是做出了正确的选择。

但是，“大度”处事的张英，未必会得到他人特别是自己顶头上司的“大度”。

第三次降级

康熙三十三年（1694年）一开春，皇帝的心里就不大痛快。起因是皇帝关照老臣的一道谕令。原来，康熙皇帝为了“优礼老臣”，就下命让他们隔日参加“御门听政”。

“御门听政”就是通常所说的早朝。众所周知，早朝一般在清晨举行。但中央各部的上班时间，是不可能与之同步的。按照清代震钧的《天咫偶闻》记载，每日零点，六部都察院等衙门各派一位笔帖式到景运门内，将奏折交给奏事官，转交给奏事太监，再转送御前批阅。此时不过凌晨两点。旨意批下与否，有乾清门前白纱灯示意：如果白纱灯从石栏上挪到了台阶上，就证明旨意很快批出。这样，过了不一会儿，奏事官就会捧折出来，高呼“接事”。

这些奏章中，未经皇上批阅的，被先转送内阁，积累若干件，就会传旨于某日御门办事。于是在某天的黎明，当皇帝升座开始“御门听政”时，各部院官就会按预先编好的次序，分部门陆续登上东阶向皇帝汇报。

这样的日子，夏天还好过一点，冬天则是相当辛苦的。康熙皇帝体谅臣子的劳苦，才减少了老臣的早朝次数。

于是，大学士看到皇帝如此体恤下属，也觉得要体谅一下自己的上司，就建议康熙皇帝间隔三四天再举行“御门听政”。谁知，这个建议一提出，立刻就被皇帝给驳回了。康熙皇帝认为，身为天子，怎么能够贪图闲暇安逸呢？自己还是应该“每日听政如常”。言外之意就是，你们做大臣的本分应是劝皇帝勤政，怎么能反过来让一国之主减少临朝的次数呢？虽然皇帝没有明显表现出不悦，但是语气中的不满还是能听出来的。

更让皇帝堵心的是，大臣们不仅对自己的建议不大妥当，对自己儿子的建议也不妥当。

三月初九，礼部尚书沙穆哈上奏说：奉先殿仪注将皇太子拜褥应置于槛内。结果，他因此被革职。沙穆哈为不是军国大事的缘由而丢官，从侧面反映出了皇帝内心的不高兴。所以，众位大臣在朝理事，无不比以前多加了几分小心。

但是，自己不出事，不代表下属不出事。同样在三月，翰林院编修黄叔琳等人在考校国书生时，被皇帝下谕责备“教习不严”。经过相关部门察议，应该被革职。这件事落实后，张英被降三级。

此时，有了丰富降级经验的张英一点也不慌乱，他平静地奉命教习庶吉士，与翰林院掌院学士常书一起，平稳地开始了降级后的工作。

典试选贤

第三次降级的张英，心态十分平和。

他多次主持考试，屡次负责阅卷工作，每次都嘱咐下属们“悉心批阅”：对于试卷中被认为有“指摘瑕疵”的地方，一定要“精核允当”。他要求负责相关事宜的官员不徇私、不苛责。对于“司中或有刻求者”，张英就用情理兼备的劝说来改变他们。

他对那些特别严苛的考核者说：“读书之人多年寒窗，十分辛苦。当他们为了人生奋力一搏，有幸能参加考试时，在短短的时间内出现些微小失误，是可以理解的。这时候，最好通观他三场的考试，如果都是平顺条畅的文笔，那么，便不必在一字一句的小失误上纠缠。”

紧接着，张英又谈了自己的选拔观点。他认为，在“主司考成”时，最好能参考被试者平日的声名，听听他是否有贤良的品行，不要因为卷子中一两处小瑕疵，就断定他的优劣。倘若这样做，就会辜负朝廷爱惜人才的心意了。

有人可能会怀疑张英说这番话的动机，因为这一年的九月，他心爱的儿子张廷玉入京省亲。而张廷玉在上一年，也就是康熙三十二年（1693年）的江宁乡试中，成绩很不理想。这已经是张廷玉第二次落榜了。张英是非常理解自家孩子的。所以，在张廷玉入京后，他与儿子寒夜共话，作诗七章，一个字也没提考试的事情。因此，有人从父爱的角度来怀疑张英的阅卷观是有道理的。

但是，张英说的“主司考成”的一番话，不是单单用来教导别人的，他自己也是如此践行的。他在处理翰林院的事务时，总是“培护善类”、奖掖后进，唯恐有不周到的地方。对于朝廷有意起用的人才，他也是时时咨询、勤加访察。他还推荐了不少“恬退暗修，读书自好”的英才。这些人不汲汲于名利，而是踏踏实实地为朝廷工作，得到了皇上的信任。

正是这样的处事方式和工作结果，让张英始终没有远离皇帝的身边。在第三次降级后的夏天，“御试词臣”时，张英就奉命每日引见四人于乾清宫。

事实上，在日常与皇帝促膝长谈时，张英都会推荐一些人才。但是，当他退下后，却不把这些言谈的内容透露出去。有些被举荐的人甚至一辈子都不知道，最先把他引荐给皇帝的贵人就是张英。

所以，康熙皇帝曾经下谕说：“张英每有荐举，从不令人知。”如果不是了解张英至深，是不会说这话的。

法家讲：“明主之所导制其臣者，二柄而已矣。二柄者，刑、德也。”也就是说，英明的天子管理臣子要善用赏罚二柄。张英因下属工作不当，受到降级的处罚，但是他屡次举荐贤能，是应该得到赏赐的。对此，皇帝心中自有权衡。

父子同席

康熙三十四年（1695年）六月二十五日，皇帝赐宴畅春园。

众位大臣都能看出来，这段时间康熙皇帝的心情不错。在上个月，皇太子大婚，正式成家。接下来的六月初七日，皇室册封石氏为皇太子妃，并告祭太庙。接连的喜气，让畅春园景色也比以往多出几分精致来。

而赏景的张英，内心也洋溢着喜气。在上个月，他得到了御书“笃素堂”匾额和临米芾书一卷的赏赐，随后，又充任了《渊鉴类函》的总裁官。更让他欣喜的是，今天被召赐宴、陪侍泛舟的十个人中，除了他，还有他的长子张廷瓒。

这时的张英，身份是尚书兼掌院，张廷瓒的身份是翰林侍读学士。父子还同为日讲官，又同被赐宴，是前所未有之事。穿过柳荫曲涧，赏过琪树仙葩，父子二人还得到一模一样的赏赐：御笔书扇并红白千叶莲各一瓶。在有些人眼里，张家父子碰到的真是千载罕遇的恩宠。

对这样的看法，张英并不避讳，但也并不骄傲，他写诗道：“事绝千秋荣莫比，恩沾两代愧尤深。”并同时再次表达了自己的忠心不贰：“矢音欲效林间鸟，难诉微臣感遇心。”

总体看来，张英父子对赐宴一事，处理得是得体又大方。

不仅长子让张英欣慰，次子张廷玉的表现也很不错。“父子同席”事件过后不到一年，张廷玉就中举了。他的试卷解送礼部后，还被评为“通场第一”。

儿子们的抢眼表现，让旁人对张家的教子方法大为叹服。殊不知，张家教养出的女儿同样让人惊叹。

张英三女德才兼备，居家是“蕉窗对镜图书满，纸阁拈针笔札随”。她还“每将佳句贻昆弟，话向京华阿母知”。这让张英既开心又骄傲，他称赞自己的女儿为“吾家道韫”。

总之，在畅春园赐宴的大臣中，没有哪个人比张英在“齐家”方面更顺心的了。这一切，同样要归功于张夫人。

花甲大寿

张英的夫人姚氏不仅诫子教女，为张英省去不少的治家工夫，更与丈夫心意相通，时时想着为张家积累福德。

眼看着张英60岁，快过“花甲大寿”了。张夫人没有想着大操大办，反而亲自为丈夫去礼佛。这让期待看热闹的人着实吃了一惊。

在清代，做寿极受重视，特别是六十大寿。在普通人家，做寿会备有寿桃、寿联、寿幛、寿面等物，还要接受晚辈和来客的拜寿。在富贵人家，礼数就更多了，往往是提前几日，就要接待络绎不绝的送礼人。在寿日当天，家中要设寿堂，燃寿烛，结寿彩；寿星要着寿衣，坐中堂，接受亲友、晚辈的祝贺和叩拜。在做寿的这几天，豪门大家还要“悬灯结彩，屏开鸾凤，褥设芙蓉”，为了营造喜庆氛围，还会请戏班来唱戏，演出《祝圣寿金母献桃》《贺升平群仙庆寿》等吉利剧目，令“笙箫鼓乐之音，通衢越巷”。

张英已是一品大员，他要做寿，按例是少不了戏班庆贺的。但张英素来不爱看戏，再加上要考虑朝廷征讨噶尔丹的军政大事，对请客看戏这种小事就更不在意了。张夫人对张英这样的处事方式是心中有数的，但是她还是想让丈夫的生日过得更有喜气。于是，她做出了一个决定。

张夫人算了算别人家做寿请戏班的钱，拿出同样的数目，买了结实的布匹和柔软的棉絮，制作了上百件棉衣，施舍给了道路中的饥寒百姓，得到了他们对张家的祝福。

张夫人的做法很快就在京城传扬开来。明眼人都称赞张夫人是“有德而福，其福乃永”。有这样旺夫旺家的妻子，张英和儿子们的运气自然不差。

康熙三十六年（1697年），张英奉命主持会试，也就是科举制度规定的中央一级的考试。他在为朝廷选拔了大量人才的同时，也为自己积累了更多的年轻的人脉。而张廷瓒则被派去祭告南岳，同时衣锦还乡、祭扫祖墓。值得一提的是，张廷瓒自17岁入京，伴在张英身边30多年，这一番才始得展祖茔一拜。他举止端正大方，令桐城张家的伯叔辈十分满意。

正当张英夫妇为长子传来的消息感到欣慰时，四子的消息却让他们感到了忧虑。

登凌绝顶

张英的四子张廷瑑，才刚刚20岁出头，正是少壮之时，却无法抵御病魔的侵袭。

眼见着儿子病势加重，张英却无法分心来多看顾孩子一点。他不仅担任了《明史》的总裁官，还奉旨编次了《北征方略》，每天还要在畅春园韵松轩值班，“辰入酉出为常”。也就是说，张英每天伴驾12个小时是常事。

家事国事天下事，让已过耳顺之年的张英觉得疲惫不堪。于是，他向皇帝上了《恳恩休致疏》，“引病求退”，但结果是“蒙温语慰留”。辞职不成，张英只能继续鞠躬尽瘁。

就在他忙于公务之时，康熙三十八年（1699年）正月，张廷瑑因病逝世。这让张英夫妇悲不自胜。

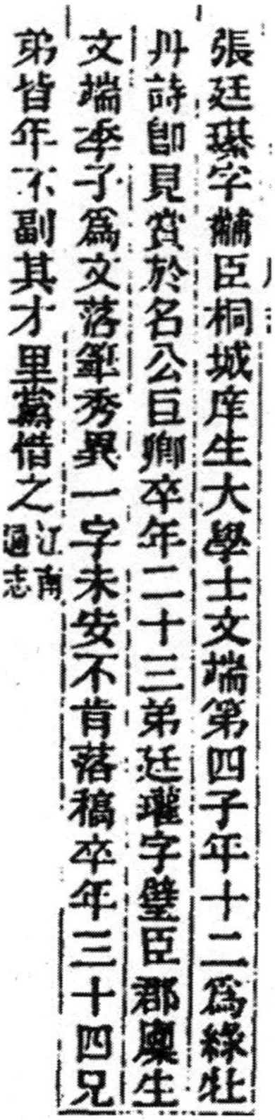

張廷璩字黼臣桐城庠生大學士文端第四子年十二爲綠牡丹詩卽見賞於名公巨卿卒年二十三弟廷瓘字璧臣郡庠生文端季子爲文落筆秀異一字未安不肯落稿卒年三十四兄弟皆年不副其才里黨惜之江南通志

《重修安徽通志·文苑》关于张廷璩的记录

幸运的是，张廷瓒的仕途越走越顺，让老两口稍微减轻了些悲痛。张廷瓒在帮着家人料理了弟弟的丧事后，就奉旨扈从南巡。归来入秋后，他又负责主持山东乡试。

张英对长子期望极高，他告诫儿子说："词臣没有太多的任事，能够报国家、育人才的方式，只在主持考试这一项，你一定要慎之勉之。"听了父亲的话，张廷瓒为选才更是殚精竭虑。

张家父子对朝廷的忠诚，康熙皇帝是心知肚明的。于是，在这一年的十一月，张英被授予文华殿大学士的职位，官居正一品，张英自此真正到达 "一人之下，万人之上"的尊贵地位。

与此同时，张英还兼任礼部尚书、经筵讲官，同时奉旨担任《三朝国史》的监修官。次年，他又奉命代替皇帝，祭祀文庙。而就在他入阁不到四个月的时候，张廷玉中了进士，名列三甲第152名，还被康熙皇帝选授为翰林院庶吉士，奉旨派习满文。与此同时，张廷瓒恰好升到了少詹事的位置。

于是，父子三人同朝为官，"同受特达之知，并与清华之选"，不知羡煞多少同僚。

但是，张英感到的却不是喜悦。他对朝廷虽有感激，却是日益"悚惶"，不知道怎样报答皇帝的恩宠。他的小心惊悸自然也影响到了家人。

阁老夫人补衣

张英的妻子因为丈夫的地位升迁也被封为了一品诰命夫人，而她的表现也与丈夫一般无二："惟以圣恩难报，不知所措。"

在丈夫达到宰相的地位，儿子们先后进入翰林院，自己也能身着象服、享受尊荣的时候，张夫人却变得越来越"谦抑"，对下人和奴仆也更加地体恤与和蔼，甚至到了产生误会的地步。

一天，某位亲戚派了奴婢前来问候请安。进了屋门，却只看到一位老妇人正在补衣。这位老人家穿件不大时兴的青布衣服，一针一线地细细补着旧衣裳。由于上了年纪，老人的眼有些花，不得不缝两针就端详片刻，然后歇歇，接着再补两针。

小奴婢虽然是大户人家教导出来的婢女，也颇有些见识，但对这样一个看似地位低下的"老仆妇"还是尊敬不起来。她直接问道："张家太夫人在哪儿呢？"谁知，补衣的老妇人迟疑地站了起来，口中回应道："我就在这儿呀。"

小奴婢大吃一惊，本以为会受到责罚，谁知张老夫人并不追究，就自觉既惭愧又沮丧，悻悻地退了出去。

这件事发生后，有的人对张夫人的德行赞叹不已，也有人为小婢女"打抱不平"：谁能想到，那"补故衣""逡巡起"的老妇人是堂堂的阁老夫人呢？

事实上，夫妇一体，张夫人的表现也反衬了张英当时的心理状况。

巨大的恩宠让张英变得越发"悚惧恐惶"。康熙四十年（1701年）七月，也就是张廷玉中进士的第二年夏天，长期的紧张心理和逐渐衰老的身躯导致张英在内阁办事时突然发病。

御医经过诊断，认为张英言语出错、应对不真、写字多忘的症状是常年的心血虚耗所致，需要仔细调养。经过大夫的精心调理和夫人的细心照料，张英稍微好了一些。八月份，他还能奉命代祭文庙，但身体已是大不如前。于是，张英彻底下定了归田的决心。

到了九月，康熙皇帝巡幸塞外回朝，得知张英患病的消息，特意在乾清宫召见了他。张英详细地讲述了自己这些年的衰老状态，又描摹了常年身处机要之地的敬惧之情，诚挚地恳请“赐归田里，以全始终”。谁知，康熙皇帝对这个问题避而不谈。面对相伴20多年的老臣，皇帝只是慰劳了很久，才让张英离开了乾清宫。

归家后，张英立刻把这事告诉了夫人，夫妇二人相对无言。“家世鼎盛”而“愈自谦退”的张夫人对丈夫的决定自是全心支持。无奈，万事俱备，只欠东风。

到了十月，张英再次上疏《请恩乞休事》。开篇即陈归田原因，是“圣恩高厚已极”而自己却“衰病日增，沥陈愚悃”；接着详细描述了自己发病的状况，阐述了请辞的种种不得已。用词之感人，终于让康熙皇帝下旨应允。

在这道旨意中，皇帝充分肯定了张英的功绩，认为他“才品优长，效力已久，及任机务，恪慎益励，文辞充练，倚眷方殷”，但无奈的是，张英“以衰病乞休，情词恳切”，皇帝也只得让他“以原官致仕”。

就这样，康熙四十年（1701年），张英正式退休了。

第三节　再回龙眠山

火色上腾虽有数，急流勇退岂无人。

张英的致仕可谓明智之举。但是，一品大员的退休也不是那么随意的。

君臣惜别

张英在接到可以退休的旨意后，首先要处理的便是自己的房产。

前文讲过，张家在内城的住宅是皇帝赐予的，属于“国有资产”，张英退休后顺理成章是要归还给朝廷的。于是，张英在去畅春园谢恩时，顺便汇报了宅子的事情。康熙皇帝自然不会那么小气，他对张英说：“这个屋子原本就是赐给你的。如今，你虽然离开了，却还有二子留在京城，就让他俩住着吧。我见了他们，就好像看见你一样。”话音未落，张英难过得差点失态。

停顿了片刻，皇帝又问张英何时起身，张英回奏说十一月下旬动身。康熙皇帝立刻反对："这个时节，天气正寒，你的身体又多病，难于长途跋涉，应当开春上路才好。"这样熨帖的话语，让张英再也忍不住，终于落下泪来。

离开畅春园后，张英依旧为皇命夜以继日，就在这个冬天，他为皇帝进上了《渊鉴类函》450卷。

次年正月初十日，张英便接到康熙皇帝特意下的恩旨：皇帝在畅春园赐宴于他。皇帝还下谕说："你为我效力那么久，如今要退休，这宴席就当是酌酒相劳吧。"张英感动得无以言表。

正月十八日，当张英再次前往畅春园，上奏南归的日期时，康熙皇帝又给兵部下了谕令，大意是说要给张英配备足够的马夫等人手，只要张英方便，不必拘泥于定数。接着，还下令张廷玉扶持自己的父亲返乡。

有皇帝的这般重视，其他人等自是不敢怠慢。张英很快就收到了东宫的送别礼。礼物中包括太子亲制的《笃素堂记》。此后，其他皇子的赋诗赠缟也都逐渐送进了张家。

到了二月初六张英正式离京的日子，张家宅门前是人来人往、冠盖相接。邻居亲朋、同僚下属……前来相送的人举杯相祝、遮道攀辕。张家是书香门第，送行自然也风雅。道别之人大多能出口成章，以至于海宁查公为这一天辑录了《辇下赠行诗》十卷。此外，还有种种逸事难以一一记述。

但无论众人如何挽留，张英终是踏上了归程。

白发送黑发

康熙四十一年（1702年）三月初三日，张英与妻子抵达桐城老家。

离城尚有数十里地，张英就看到前来迎接的亲戚故旧和桐城乡邻。老人和孩子们环聚过来，还有数千人结伴围观。

熟悉的乡音让张英的身心为之一轻。终于脱离官场的他很快就安顿下来。拜会完亲友长辈后，他就督促张廷玉返京了。他先对儿子重申了皇帝对自家的恩德，继而勉励儿子要“恪恭勤慎、竭蹶尽瘁”。他还要张廷玉把这番话传达给张廷瓒。

看着儿子稳重可靠、恭敬领命的样子，张英觉得更放松了。他开始享受重回龙眠的养老生活，先是在距离赐金园不远的地方修筑了双溪草堂，接着便赏花钓鱼、访友喝茶，同时不忘把自己的悠闲自在都付诸笔端。

在《退休》一诗中，张英写道：“松怜低偃翠千岑，竹爱横斜雨一林。黄鸟频来惊短梦，白云时与听长吟。”字里行间，那“渐喜退休”的心情真是藏也藏不住。

谁知天有不测风云，刚入秋，张英就接到了张廷瓒抱恙的消息。这让他和妻子十分不安。

桐城张家似乎存在着一个“白发送黑发”的魔咒。想当年，张英的祖父张士维，就无奈地送走了抗清身亡的长子张秉文；之后，张英的父亲张秉彝，也在战乱中送走了早逝的长子张克俨；如今，张英早早送走了四子张廷璩，偏又遇着张廷瓒在天气转寒、不易调养之时患病，这怎能不让张英夫妇辗转反侧?

于是，张英连发书信，要求张廷瓒安心调养。结果，张家长子还是没有熬过这个冬天。就在康熙四十一年（1702年）的十月，张廷瓒于京都溘然长逝。

消息传回桐城，张英若信若疑，呜咽哽塞，不能出声，过了很久，才一声大恸，不能自持地流下泪来。家人劝慰良久，张英才含着眼泪，止住悲音，为长子写了《行略》。

张家的事情，康熙皇帝是知道的。所以，在张廷瓒去世的次年正月，皇帝南巡时，特意慰问了张英，并为张英在龙眠山的庄园赏赐了“双溪”“秋水轩”等御笔亲书的匾额。

在张英扈从至京师，不日即将南归之际，康熙皇帝再次召见了张英，君臣二人面谈了很久。皇帝看见张英面色清癯、忧郁未释，知道是因为张廷瓒的早逝，就温言解劝张英道：“家庭之间，岂能事事如意，当旷怀达观，以娱晚景。”皇帝的劝慰十分有效，张英的精神很快好了起来。

谁料想，天灾难测，没过几天安心的日子，张英就听到了漳河水决的消息，他的心又提到了嗓子眼。因为他的七弟张夔正在广平督理河务，并且“身亲畚插，捍御堤防”。

张秉彝当年泣别张秉贞、张秉哲的情形，张英还历历在目。而抗洪抢险之人往往命悬一线。因此，张英自听到七弟消息的那日起，就心如汤煮、忧思满腹，几乎彻夜难眠。

幸而上天垂怜，张夔救灾得法，在全活不少百姓的同时，自己也安然无恙。张英这才能安稳入眠。

没想到，噩耗再次传来：张英的二女亡故了。

但这一次张英却不敢表露太多悲戚，因为他的夫人得知丧子亡女，已然旧疾复发，并且有加剧之势。

家训教子孙

张夫人的病是因张廷瓒而起的。

当长子的讣闻传来，张夫人气隔难食，足足调理了半年，才稍稍好了些。在得知与女儿仙凡两隔后，张夫人更是肝肠寸断、泪如雨下。她的身体已是显而易见地衰弱下去了。

但张夫人没有消沉一天。她依旧每日晨起，就立即梳洗盥漱，然后肃衣端坐，没有片刻失态。在理家时，她的头脑依然清晰，没有半点疏漏。她还督促奴婢们纺绩如故，像居住在京城那样，把家事打理得井井有条。

张夫人在病中仍不失大家主母的体统，令张英既安慰又难过。退居乡里的张英本以为能晚年吉祥，谁知却碰到了桩桩件件的难过事，让人黯然神伤。但为了不让妻子与儿女忧心，他再次执笔开始作诗。龙眠的美景、庄园的秀色、读诗的领悟、闲坐的感怀……都被张英一字一句地记述下来。不仅如此，他还把历年所作的应制诗文及其他序、铭等文字，整理成集，付梓刊刻。

值得一提的是，在他的《笃素堂文集》中，收录了给家中子弟的家训《恒产琐言》《聪训斋语》《饭有十二合说》等文章，把养生保健、修身立德、治家理财等历年积累的经验，一条一条地留给子孙后代。除此之外，他还继承了张家从张淳那一辈就传下来的教子方法，常常给孩子们写

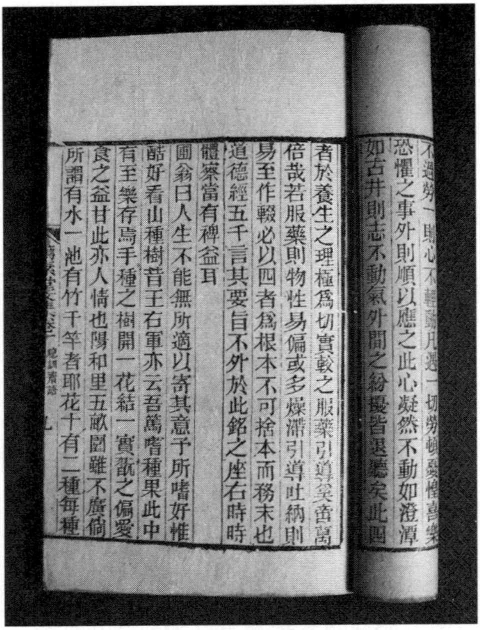

不過勞一則心不輕動凡遇一切勞頓憂懼喜樂
恐懼之事外則順以應之此心凝然不動如澄潭
如古井則志不動氣外間之紛擾皆退聽矣此四
者於養生之理極爲切實較之服藥引導奚啻萬
倍哉若服藥則物性易偏或多燥滯引導吐納則
易至作輟必以四者爲根本不可捨本而務末也
道德經五千言其要旨不外於此銘之座右時時
體察當有裨益耳
圃翁曰人生不能無所適以寄其意予所嗜好惟
酷好看山種樹昔王右軍亦云吾篤嗜種果此中
有至樂存焉手種之樹開一花結一實翫之偏愛
食之益甘此亦人情也陽和里五畝園雖不廣倘
所謂有水一池有竹千竿者耶花十有二種每種

清代经济堂刻本《笃素堂文集》

信。

康熙四十三年（1704年）夏，张廷玉入值南书房，同年十二月，又担任了日讲起居注官，深得皇帝信任。可以说，33岁的张廷玉，在仕途上已然历练出来了。

但是，张英仍旧不是很放心。在得知儿子担任了日讲官后，他先是上折子谢恩，接着便修书郑重地告诫儿子，要求张廷玉在直庐重地要“益宜小心谨慎，以报主知”。

张夫人是夫唱妇随的典范，夫君能以大义教子，她自然也步步跟随。她每每写信教子，大意也多是“勤慎供职、上报国恩”。

事实上，张夫人的贤德声名早在她还住在京里时就已经传进了宫廷，这个时候对儿子的勉励也不过是延续旧日的习惯罢了。但是，康熙皇帝还是对这样的言行表示了赞赏。张廷玉入值南书房后不久，皇帝就对左右侍臣说：“张廷玉兄弟，母教之有素，不独父训也。”

有这样出色的父母时时提点，张廷玉的工作业绩是可想而知的。所以，康熙皇帝对他是越来越器重，命令他扈从南巡。这样，张廷玉得以在忙碌之中再次见到自己的老父。

谁知，一会面，张廷玉就吃了一惊：康熙皇帝对张英说的第一句话竟然是责备！

迎驾举贤良

康熙四十四年（1705年）二月，皇帝第五次南巡。

张英为此北上清江浦，渡黄河迎驾。但一见面，就得到了皇帝的责怪：“你年纪大了，只适合到江宁（即南京），何必渡河远来？”君臣间的深情厚谊令身边服侍之人无不感动。接着，皇帝让张英登上御船，详细询问他的居家近况和地方风景等事。

当时，船上的御座后悬挂着《皇船说》。皇帝命张英观看，但又怕离得远看不清，就起身侧坐，让张英可以靠近来看。对于那些细读也不大能看得真切的地方，皇帝还亲自为张英指点出来。

在这个过程中，张英想要按照礼节或跪或立，康熙皇帝都会要求他“不必拘常仪”。接着，皇帝又赐下御制诗一册，命令皇太子同张英一起登别舟细看。

之后，康熙皇帝又给张廷玉下令，让他随侍在张英身边，时时扶持张英出入。不仅如此，每到驻跸之处，皇帝还常常给张英赐下佳肴。这种种恩遇，都让张英感激涕零。

于是，当皇帝询问江南有哪些廉洁的官员时，张英毫不犹豫地推荐了陈鹏年。

这个消息一传出来，让总督阿山等人又惊讶又失望。

原来，当皇帝行至南京时，由于张英恳求，便在那里多住了一日。而总督阿山就想借机加征钱粮以充作南巡费用。结果，知府陈鹏年持议不可，这件事就耽搁了下来。阿山心怀恼怒，就要借此加罪给陈知府。同时，康熙皇帝的随从侍卫也因为待遇的问题对陈鹏年多有斥责。这种情况下，陈知府要被治罪似乎是板上钉钉的事了。

但是，由于张英的举荐，陈鹏年不仅得以免罪，而且获得了皇帝的青眼。后来，由于康熙皇帝的重用，陈鹏年还成为了一代名臣。

这都是后话暂且不提。此时的张英只是想为陛下分忧而已，而他的忠心，康熙皇帝是明了的。所以，张英随后又得到了人参和御用袍服的赏赐。

之后，康熙皇帝将要返京时，一看到张英在河岸恭送，就温语慰劳，并让张廷玉服侍张英登车离去。

由于皇帝的重视，次年张英七十大寿时，皇太子特地赋诗以赐，表达祝寿之意。

康熙四十六年（1707年）正月，皇帝第六次南巡。考虑到张英的年纪，皇帝让张廷玉先行返家探亲，然后再服侍张英前来迎驾。这一次的君臣相会让张英得到了一方松花石砚的赏赐。

张英将这砚台视为宝贝，因为其上有皇帝亲制的砚铭："静寿之则，坚润之德。阅几研磨，惟一贞实。"这16个字被认为是张英为人的写照。所以康熙皇帝对张英下谕说"细玩当悉朕意"，而其他大臣都交口称羡，认为"知臣莫如君"。

之后，康熙皇帝让内侍送张英离去，张廷玉也洒泪拜送了自己的老父。

谁也没想到，这次相聚是康熙皇帝的最后一次南巡，也是张英的最后一次迎驾，还是张廷玉见父亲的最后一面。

雁失其偶

康熙四十七年（1708年）五月，张廷玉第四次扈从北上，陪伴皇帝出边塞关口避暑。

这一趟公务，37岁的张廷玉走得很放心，因为他刚收到母亲的来信，信中除去惯常嘱咐的勉励之语，还说："我病已痊愈，毋以为念。"

自上次与张英见面后，张廷玉就常常收到这类的书信。不仅母亲让他不要挂念，父亲也往往说："近日身体粗安，毋以为念。"

于是，张廷玉就安安心心地跟在皇帝身边当差。

事实上，张夫人自从长子与二女接连逝去后，身体就一直不大好。她在张廷玉伴驾出塞前寄去的书信是在病中所写，而张英深知夫人的心意，也对儿子报喜不报忧。

谁知，六月初九，张夫人病得比当初还要厉害，初十就撒手人寰了，享年69岁。

但是，张廷玉并没有及时得到这个消息。因为他在塞外染病，情形也不很好。康熙皇帝从密奏中得知张夫人的事情后，认为张廷玉的健康状况不适合听到这样的凶信，就让人暂时压了下来。因此，直到十天后，张廷玉才从家人那里得知了母亲的讣闻。

这时候，康熙皇帝又令内侍传谕给张廷玉，让他"体贴亲心，勿过悲恸"，还要他归家奔丧时替皇帝询问张英的起居，"年逾七旬之人，可善自调养，不可过于伤感”。

果然是“知臣莫如君”。张英此刻之痛，言语无法描述。他在夫人离世后就病了。但他担心儿子焦急南归，病上加病，就写信给张廷玉说：“痛汝母溘逝，予以失贤内助伤悼无已。六月以来，身有小恙。七月间服药调摄，近已获痊。”他要求张廷玉，一定要把身体养好才能回家奔丧。

张英甚至为妻子手撰了《诰封一品夫人亡室姚氏行实》，寄到京城。由于这篇悼文逻辑细密，讲述旧事如在眼前，一点也不像病中所写，张廷玉就放缓了行程。

岂料，九月中旬，张英突然肢体浮肿，出现脾泄，于十六日午后沉睡不醒。

十七日清晨，张英醒来，自知元气耗散，就口授遗疏遗折，令张廷璐代笔，遗命张廷玉等子孙“时念高厚之国恩，殚竭驽骀之微力，以继平生未尽之忱悃”。到午后，他便端坐瞑目而逝了。

就这样，在张夫人故去不到三月，张英就扶杖西行，与妻子白首同归，享年72岁。

张英死后，谥曰“文端”。

第五章

传承家风的后人

桐城张家的九世祖张英，于康熙四十七年（1708年）九月去世。他留给子孙最重要的东西，不是田产，不是文玩，而是《易经衷论》《书经衷论》《笃素堂文集》《笃素堂诗集》《存诚堂诗集》《南书房注记》等刊行后世的著作。他写的《聪训斋语》，不仅使子孙后代受益匪浅，还为名人方家所推重。清代名臣曾国藩就十分喜爱《聪训斋语》，要求子孙终身诵读。因为，张英教子的成就是实实在在地记载于史册的。

张英有六子，其中长子张廷瓒、次子张廷玉、三子张廷璐、五子张廷瑑皆中了进士。这些都与张英的言传身教与勉励督促是分不开的。而在这之后，张英的孙子、曾孙辈，也都有人进入翰林院。后人总结道：“自英后，以科第世其家，四世皆为讲官。”

张开枚等续修的《张氏宗谱》，1933年铅印本

第一节　汉臣第一人

在张英故去前，他的七弟是大名府同知，八弟是西延郡丞，同辈的族兄弟中还有做嘉州牧和郑州判承的。在他的子侄辈中，除去亲生儿子，还有人做胶莱运判与南川令。但是，这些人都不约而同地唯张廷玉马首是瞻，因为张廷玉是离皇帝最近的张家人。可以说，在张英去世后，桐城张家就彻底进入了张廷玉时代。

不改父之志

张廷玉，字衡臣，号砚斋，是张英的第二个儿子。

因为没有得见老父最后一面，张廷玉感觉自己“泪尽血枯，殒身莫赎”。他的身体也一直不好，但还是强打精神，为亡父料理丧事。

他深知张英对皇恩的感念，所以，在父亲身故后，第一时间遣家人至京，为朝廷送上张英的遗本和自己的谢恩奏折。康熙皇帝为之心内震悼，他询问了张廷玉的病情，并谕令张廷玉善加调养。

可是，按照古礼，张廷玉在丁忧期间不仅要长伴父母坟前，还不得洗澡、剃头与更衣。在这种情况下，调理身体起到的作用显然是有限的。但幸运的是，在张英去世后不到一月，张廷玉就收到京师来信，得知自己有了一个儿子。年近四十，终于有了长子，这让张廷玉的丧父之痛稍稍得到了减轻。

事以訓勉後生無忘先人
服勤力穡之遺使孝友行
於家恭謹施於鄉里恂恂
翼翼保世無窮是則廷玉
之大願也敬以是敘先之
譜
乾隆十二年歲次丁卯仲
秋月十世孫廷玉百拜敬
撰

十世张廷玉1747年为《张氏宗谱》作的序

张英还在世时，曾为张秉彝选择了一处风水极佳的坟地迁葬，后来又置办了公田百余亩用来赈济族人，还与夫人一起惜老怜贫、救济饥寒。孝顺的张廷玉自然是子承父志，不改家风。

因此，在守丧期间，张廷玉主抓了两件大事。

第一是赈济灾民。在张英去世的那年十月，桐城陈家洲遭遇了水灾。灾民困苦，很多人都到县城来觅食。张廷玉便召集三弟、六弟、大侄子辈和乡人中好义者，商议赈灾事宜。次年二月，张家在西郊太霞宫设粥厂救济灾民，同时号召乡邻捐米，帮助陈家洲百姓渡过难关。

第二是择坟合葬。在张英和张夫人去世后，张家就请了堪舆名家往来山泽之间，为二人选择墓地，只是没有立即做决定。后来，张廷玉上奏折恳求让自己服满三年之丧，才有宽裕的时间来处理这件事。

事实上，张英生前就已经有属意的地方了，就是龙眠山双溪地的小园后峰。他还在诗文中多次表露出自己的想法。

但是，张廷玉认为择坟事大，就没敢立即做决定，而是自己遍历山泽，亲自选了几处地方。然后，虔诚卜筮，请命先灵。直到所有的方法都显示双溪为吉利之地时，张廷玉才选择吉日为张英夫妇合葬。他的行为，自是得到了乡里的交口称赞。

就在张廷玉安顿好父母，刚刚松了口气时，噩耗却从京里传来。康熙四十九年（1710年）八月，张廷玉长子夭亡，死时不满两岁。“白发送黑发”的张家魔咒，张廷玉还是没有躲过。然而“丁忧避风云”的好运，他也继承了下来。

看不见的手

康熙四十七年（1708年）九月，皇帝第一次废黜太子，在幽禁太子的同时痛斥皇长子、皇八子结党。同年十一月，皇长子被削爵幽禁，康熙皇帝释放废太子，并于次年二月复立皇太子。

可以说，康熙五十年（1711年）二月，张廷玉守丧期满再次入值南书房时，刚好躲过了“九子夺嫡”最激烈的时候。但是，争夺皇位的大戏其实并没有落下帷幕。

康熙五十一年（1712年），皇帝二废太子，此后再未立太子。康熙五十三年（1714年），皇八子因献上“毙鹰”而遭斥骂，彻底退出了皇位之争。而此时的皇四子也就是后来的雍正皇帝，正四处安插家奴，补外省官缺。

树欲静而风不止，可以说，康熙晚年的“九子夺嫡”事件，让整个朝廷都陷入了巨大的旋涡中。

就在风起云涌之时，一般人很难注意到，有一双手在静悄悄地记录着康熙朝晚期的风云变幻。这双手的主人就是张廷玉。

张廷玉久处机要之地，又常在皇帝身边起草文书，深知言多必失的道理。所以，他一向奉行“万言万当，不如一默”。而且，他的工作非常特殊，是日讲起居注官。前文讲过，这个岗位的一项主要职责，是记录帝王言行。所记的内容极少外传，因为这些记录是修撰国史的第一手材料。

也就是说，看起来与张廷玉没有任何关系的政治事件，都有他旁观的身影。只不过由于他本人的个性和工作职务的特殊性，让人们在政治风云中听不到张廷玉的声音。而事实上，他本人可能对这些大事洞若观火，在按规定记录的同时，还有能耐让别人把他当成“隐形人”，足见他为官的老练。

这样的张廷玉自然极易得到帝王的信任。在康熙皇帝生命的最后几年里，每夏出塞避暑时，都会让张廷玉留京批本。这个本就是当时所说的红本。按清制，凡内外进呈的本章，经皇帝裁定后由内阁用朱笔批发，称为“红本”。也就是说，在很多官员看不到的地方，张廷玉的双手一直在不停地工作。

官员们看不到的事情，皇帝是清楚的。所以，在康熙皇帝之后即位的雍正皇帝，就让张廷玉来修撰《圣祖仁皇帝实录》，也就是整理康熙皇帝在世时的言行录。那么，当年“九子夺嫡”的惊心动魄，张廷玉恐怕还要再经历一次。因为，他不仅要考量自己记录的史实，而且要兼顾新皇的意图和口味。

修撰结果是众所周知的，张廷玉在雍正朝升到了正一品保和殿大学士的位置，可见他的修撰功力是如何了得。

事实上，能走到一品要员的位置，仅靠文字能耐是不够的，而雍正皇帝重用张廷玉也不单单是因为他修书记史的功力。

请辞主考官

康熙六十一年（1722年）十一月，雍正皇帝登上皇位。

在办理康熙皇帝的丧葬之事时，礼乐制度非常重要，雍正皇帝就钦点了张廷玉处理相关事宜。明面上的理由是张廷玉“为人老成”，实际上是新皇在即位前就很欣赏张廷玉了。

康熙皇帝还在世时，曾命令当时还是皇四子的雍正皇帝会同大学士办理公事。张廷玉以学士的身份在其中奔走侍奉。皇四子看到他“气度端凝、应对明晰”，就十分器重。在得知他是自己的老师张英的儿子后，就更欣喜了。同时，皇四子还打听到张廷玉在刑部、吏部任职时都有很好的口碑，就起了重用的心思。

于是，雍正皇帝即位不过几天，还在为康熙皇帝守丧时，就让张廷玉办理翰林院礼仪制度的相关事宜，还追赠张英为太子太傅。同年十二月，雍正皇帝把康熙皇帝遗留下来的数珠、杂佩及一些器物赐给张廷玉，并升他为礼部尚书。

51岁的张廷玉，自此正式进入一品大员的行列，比他的父亲当年做尚书时还小了3岁。张廷玉为此感激涕零，对国事更加小心翼翼。

雍正元年（1723年）三月，张廷玉扈从雍正皇帝，把康熙皇帝的梓宫送往山陵，随后又伴君返京。四月初五，在快到京城的时候，张廷玉接到了雍正皇帝的传谕。谕令的大意是：他将要出任顺天乡试的主考官，就不要伴驾了，可当晚先回。张廷玉为此特意求见了雍正皇帝，并申请回避主考官的职务。

原来，张廷玉的长婿刚好在这一年参加乡试。其实，这件事是没必要向皇帝禀告的，因为清朝一向没有翁婿回避之例。但是张廷玉坚持道："骨肉至亲，臣请一体回避，以免嫌疑。"雍正皇帝沉思了很久，认为张廷玉过于谨慎，但还是准许了他的请求，并说："将来回避官生，朕拟另行考试。"就是说，对于因为跟官员有亲属关系而不能参加乡试的考生，将会为他们再举行一次考试。

谁知，五月份官生们参加的考试结果出来，一共取中四人，桐城张家就占了三个名额，分别是张廷玉的堂弟张廷珩、胞侄张若震和堂侄张若涵。张廷玉顿感惶恐，立即上奏折谢恩。雍正皇帝回复说："一门同时中举三人，真是罕见。这都是你家祖宗积德，你父亲公忠任事的善报啊。"

九月，张廷玉奉命担任会试的主考官，他的三弟张廷璐担任同考官。张廷玉悉心校阅，遵照规定的人数，取中180人。接着，他又奉特旨，对"内外考官子弟之回避者，悉行补试，另命大臣阅卷"。谁知，张家又有三人被取中。除了张廷玉的堂弟张廷珩、堂侄张若涵外，他的胞弟张廷瑑也赫然在内。

于是，十月殿试阅卷时，张廷玉直接选择按例回避。没想到，雍正皇帝认为他公正无私，不必引嫌回避。张廷玉只得参与阅卷，并把前十名的卷子上呈给皇帝。

当皇帝看到第五卷时，十分嘉赏，同时又有疑问：“此卷应置一甲，奈何拟为第五？”张廷玉回答说：“此臣弟张廷珩卷也。”雍正皇帝拆开弥封，发现果然如张廷玉所述。

皇帝爱惜人才，想把张廷珩的名次提到一甲，却被张廷玉竭力阻止，理由是张廷珩是从回避官生中被选拔出来的，不应该录入一甲。雍正皇帝点头同意，但还是把名次往前提了一名，让张廷珩做了二甲第一名，也就是全国第四名。次日，还让张廷珩做了翰林院检讨，入值南书房。

就在这一科，张廷瑑、张若涵也被选为庶吉士。桐城张家一门三进士，被赞为“制科未有之盛事”。而张廷玉也因自己的谨慎得到皇帝更进一步的信任。

入值军机处

雍正皇帝对张廷玉的最大信任，是让他入值军机处。

雍正七年（1729年），皇帝决定出兵准噶尔。军情密文大量往来，亟须一个稳妥的地方处置。但是，内阁在太和门外，从地理位置上来看，并不利于保密。所以，皇帝在隆宗门内设立军机房，选择张廷玉等一贯处事慎密的人入值缮写。在此处入值的满族首席大臣，是与皇帝关系亲密的康熙帝第十三子和硕怡亲王，而汉族首席大臣则是张廷玉。

雍正十年（1732年），军机房改为“办理军机处”，简称“军机处”。“军机处初设，职制皆廷玉所定”，可见张廷玉得皇帝信任之深。

军机处的主要职责是遵奉谕令，写成文字，再按规定转发。张廷玉特意为此制定了一整套的奏折收发制度，使军情没有外泄之患。当雍正皇帝在西北两路用兵时，每天召见他达十多次。张廷玉“遵奉密谕，筹画经理，羽书四出，刻不容缓”，常在夜里一二更后才能回家。

回到家后，张廷玉仍不能立即去睡觉。他先是点燃两根蜡烛，完成当天未做完的事情，然后办理一些次日要处理的公务，到二更天后才上床休息。但是，当他在枕上想起还有某事或某稿未完时，会立即披衣起身，亲自改正，在黎明时吩咐书记员誊录好交给皇上。

准噶尔战事平定后，雍正皇帝看到军机处没有官僚体系繁琐的弊病，就进一步加大了军机处的权力范围，使其成为最主要的政治核心。

可想而知，军机大臣张廷玉的工作有多么繁忙，每天会经手多少令旁人谈之色变的大事。但是，他秉承“克己清廉”“勤慎供职”的家训，从没有一件事出错或耽误，就连雍正皇帝也称赞他：“尔一日所办，在他人十日未能也。”当雍正皇帝身体不舒服时，但有密旨，也全交给张廷玉办理，事后还说：“彼时在朝臣中只此一人。”

我们纵观大清王朝296年的历史，能得皇帝如此信任的汉臣只有张廷玉一个，可谓空前绝后。

此时，张廷玉带给桐城张家的荣耀已经远远超越了父亲张英。他一生共居官50年，历康熙、雍正、乾隆三朝，身兼保和殿大学士、军机大臣、太保，封三等伯，勤慎襄赞，小心书谕，忠君爱国，厚德承家，于乾隆二十年（1755年）三月二十日驾鹤西游，享年84岁。他死后配享太庙，谥曰“文和”。

终清一代，汉大臣配享太庙者，唯张廷玉一人而已。

第二节 “冤屈”的张廷璐

倘若张英还活着，最让他吃惊的儿子，恐怕不是张廷玉，而是张廷璐。

有人说，一个家庭中的长子和幼子，都会受到更多的照顾，反倒是位处中间的孩子得到的关注会少一些。但张廷玉和张廷璐，得到的注目却并不少。前者是因为聪慧，而后者则是因为顽皮。

张英对儿子的淘气是哭笑不得，曾作《嘲璐儿》一诗特意记录下儿子调皮的故事。常言道：三岁看小，七岁看老。但正是张廷璐这个让父亲不放心的顽童，最终取得桐城张家最好的科举成绩——一甲第二名，还得到康熙皇帝的夸奖：“汝兄弟皆能如此，不愧家风矣！”

但好成绩没带来好运气，张廷璐上任没几年就被革了职。

学子罢考

张廷璐，字宝臣，号药斋，是文端公张英的第三子。

他一中榜眼，就被授予了翰林院编修一职，可以直接入值南书房。既有祖辈余荫又有兄长照看的他，不过三四年的工夫，就被擢升为从四品的侍讲学士，并督察河南学政。

雍正二年（1724年）九月，河南省的一众官员都不轻松，秋风秋雨愁煞人，河道若出了事故，带来的灾难是惨不忍睹的。张廷璐虽然也关心民生大事，但是并不主管河务，因此也没把修缮河堤看得太重，只是“在其位谋其政”地管理着各项科考事宜，严防“枪替”“联号”“通关节”等作弊行为。

但等他到了封丘县，却吃了一惊。随行的下属们也看傻了眼：空荡荡的考场门口，没有半个考生的身影。怎么会没人来考试呢？这时，听到附近有喧哗声，张廷璐就带着满腹疑惑走了过去。

原来，封丘的县官违制，强令考生们去修河防。结果，学生们累坏了身体不说，还耽搁了复习。于是，封丘士子就向大吏控告县令，汇报县官擅自役使诸生的不良行为。谁知，上官置之不理。学生们便愤怒了，就相约罢试，不参加科考了。

主管学政的张廷璐，一得知有如此影响地方教育的事情，也生气了。但是，他强压下怒火，诚恳地开喻考生，诸士子才参加考试，恢复了封丘的科考和教育。

考生们不知道的是，考场外的张廷璐为学生们鸣不平，与大吏产生了龃龉，大吏就抢先将“罢考”事件上报了朝廷。结果，张廷璐因此而被免职。

这可真是纵曲枉直！认真履职、主持公正，反而得到革职的结果，知情人都觉得张廷璐真是冤天屈地。

但是，张廷璐并没有向皇帝喊冤，因为天理昭昭不可诬，朝廷很快就发现了事件中的不妥之处，没多久就查清了真相。于是，张廷璐官复原职，随后又得到了升迁。

此外，“罢考”事件的最终结果也给了众人一个提示：如果认为张廷璐的升职与张廷玉有关，可真就冤枉他了。因为张廷璐本人的工作业绩非常出色，出色到皇帝都不让他挪窝了。

九年学政

雍正七年（1729年），张廷璐被任命为江苏学政。

到任不满一年，他就发现了学政衙门管理的漏洞。于是，他向朝廷上疏，内容是：

学政衙门按旧例会给各州县发登记簿，但其中记录秀才们的诉讼事件时没有涉及钱粮数目。最好是管理人员在理事时让涉案秀才在簿内写清相关事项：因为什么事到案，应缴纳的钱粮是否交清。最后，簿内还要有秀才的亲笔画押。这样，不仅诉讼多寡、钱粮清欠可以按簿查看，而且还可以按照当事人的行为优劣来实施劝惩。

张廷璐的建议非常中肯，经过审核后很快得到了朝廷的施行。

事实上，踏入仕途的十多年来，张廷璐一直秉承桐城张家自六世祖张淳就流传下来的家风，严于律已、宽以待人，清白自守、敬慎始终。所以，他无论到哪里任职，都会受到下属和当地学子们欢迎与尊敬。

于是，雍正十年（1732年），张廷璐的学政任满，皇帝便命他继续留任江苏。到了雍正十三年（1735年），已经擢升为礼部右侍郎的张廷璐，在江苏快待满六年了，还没有离任的迹象，就让张廷玉有些担心。

一般来说，官员长久地在某地任职，非常容易形成利益集团，并进而发生贪腐等不良事件。因此，官员们都是任满就离开。即便是本人廉洁自律，也常常会被他人怀疑。所以，张廷璐一直没挪窝，身为亲哥哥的张廷玉自然心急。

没料想，这一年八月，雍正皇帝去世，乾隆皇帝即位。十月，乾隆皇帝下令更换各省学政时却仍然让张廷璐留任。无奈之下，张廷玉上奏皇帝，请另派官员接任江苏学政。

对于先皇留下的顾命老臣，乾隆皇帝还是要给几分面子的。所以，他跟张廷玉面谈，讲了因由，大意如下：

第一，江苏学政位置紧要，甲于天下，不能轻易替换。

第二，张廷璐久在此位，声名很好，业绩显著，不需替换。

第三，皇帝即位之初，正是用人之际，怎能舍掉这样可信的人而另用其他不知根底的人呢？

就这样，张廷璐又续任三年，在江苏学政的位置上干了九年。这期间，他选拔了不少人才，其中就包括著名的诗人沈德潜。

乾隆三年（1738年），张廷璐终于被调回朝，升任礼部侍郎。过了六年，他主动乞休，最后终老桐城，享年71岁。

张廷璐永远想不到的是，在他离世的250多年后，有人拍了部热播剧，叫《雍正王朝》。剧中，他的清正廉洁变成了贪赃枉法，竟然还因为“科场舞弊案”提前20年就被斩首了。他若泉下有知，恐怕真要大喊冤枉了。

第三节 雏凤清声张若霭

乾隆十年（1745年）九月，张廷玉惊闻张廷璐讣音，哀恸欲绝。他在家中为三弟设立灵位，由儿子搀扶，带着全家老幼祭奠三弟。他绝对想不到，一年后，搀扶他的人将成为他祭奠的对象。

这位英年早逝的儿子，就是张廷玉最宠爱的张若霭。在几个儿子中，张廷玉最看重张若霭，主要有三个原因：

第一，张若霭是在期盼中出生的。前文讲了，张廷玉在37岁时才得了一子，可是，不到两岁就没了。古人强调“不孝有三，无后为大”，张廷玉的压力自然不小。但就在他失望之时，张若霭出生了。42岁老来得子，张廷玉的惊喜可想而知。他把张若霭视作长子培养。

第二，张若霭与张廷玉同月同日生，是罕见之事。

第三，张若霭“生有异质”，比同辈的其他兄弟们更加聪慧。

故此，张廷玉十分喜爱这个儿子，喜爱到要把他的考试名次从高往低降。

一甲降二甲

张若霭，字景采，号晴岚，工书善画，刚成年就继承了一等轻车都尉的爵位，却并不骄傲自大，反而谦逊温和。更令人惊讶的是，雍正十一年（1733年），张若霭高中一甲第三名，即将成为通常所说的“探花郎”。

然而，这个成绩却让张廷玉“惊惧失措”。他决定，无论如何也要把儿子的名次降下来。

张廷玉这么做，与他对前朝首辅张居正的研究有关。大概因为同是一品大员，行事更有借鉴价值的缘故，张廷玉在《澄怀园语》中，多次引用张居正的例子来表明自己的观点。张居正有三个儿子先后中进士，引出了不少责难。这样的史实让张廷玉更感“谦抑之风”的重要，而张居正早年的经历也为张廷玉提供了处事的鉴戒。

张居正自幼就是神童，他第一次参加乡试时才13岁。如果考试通过，他就是举人老爷了，但是他却因人为因素而落榜了。

令张居正不得中举的人，是当时的湖广巡抚顾璘。顾巡抚见过很多才华横溢的年轻人，因为年少成名而风流得意，最终却一事无成、沦为平庸之辈。他很欣赏张居正，就跟主考官说：“这个孩子是大才，早一点发达，也没什么不好。但最好让他晚几年中举，等历练老成了，以后的发展才会无可限量。”

于是，张居正延迟了三年，在16岁时才考中举人。中举后，他和顾璘再次相逢。顾璘一面把自己的犀带赠给张居正，以示鼓励；一面告诉他当年落榜的真相，并说："古人都说大器晚成，我希望你要有大抱负，不要仅做一个年少成名的平常人。"

张居正听了，对顾璘感激涕零。他最终成为一代中兴名相，与早年这番"苦其心志"的历练可以说不无关系。

"父母之爱子，则为之计深远。"熟知张居正故事的张廷玉，又岂是目光短浅之辈？更何况，张家已是荣宠至极，更需谦退保身，才是上策。所以，当雍正皇帝让内侍传出张若霭的成绩时，张廷玉的反应是免冠叩首，恳辞道："我的儿子能中进士，已是很幸运的事了。一甲是不敢当的。最好能蒙恩降到二甲。"但是，皇帝认为自己是"秉公阅卷，暗中摸索，定此名次"，就不同意张廷玉的请求。

当自己的乞求被驳回时，张廷玉更加惶恐，他叩首固辞，但皇帝仍然不允。不仅如此，皇帝还将卷面批定，令读卷官带出去填写皇榜。

于是，张廷玉越发惊惶，他奏请面见皇帝。

一见面，皇帝就笑了，他手持一柄玉如意，对张廷玉说："你家有喜事了，我把这个赐给你，愿你父子事事如意。"张廷玉却扑通一声，跪倒在地。雍正皇帝知道他的意思，就静默不语。

张廷玉也沉默了。62岁的他摘下官帽，叩首无数，随后又流下泪来。但是，皇帝仍然不同意。

张廷玉只得含泪上奏说："全国每三年举行一次乡试，参加的人有十几万。然而能中举的，不过千余人。这些历年中举的士子参加会试，最后登上皇榜的，只有三百多人。而一甲录取的三人，看似是从这三百多名士子中选出来的，实际上却选自天下十多万的考生。我家世受皇恩，已经没有什么不满足的了，如果儿子还占据一甲的名额，我实在梦寐难安。”

雍正皇帝却还未被说服，他反驳道：“你家儿子的文章理应排在这个名次，我又能怎么办呢？”

张廷玉回复说：“以张若霭的成绩，确实应该排在这个位置。但是我的私心里情愿把这个名次让给天下的寒士。请皇帝可怜老臣，就答应我的请求吧。”

话说到这个份儿上，皇帝也被感动了。他让阅卷官员更改了张若霭的名次，并把这其中的曲折昭告天下。

后来，张若霭虽然降到了二甲，却依然按照一甲的惯例被皇帝授予翰林院编修的职务。

这件事对张若霭影响巨大。这之前，关于张家“谦退”的家训，他还只是见于文字和口头。而如今，却是老父用实实在在的行为告诉他，什么是张氏真正的家风。经此一事，他不仅把父亲的做法记在了心上，而且落实到了行动上。

乾隆十年（1745年），皇帝要大臣们做自我评价，并且对于那些自认不合格的臣子，允许他们推荐能代替自己的人。时任光禄寺卿的张若霭立即具本上疏。33岁就做到从三品的他没有丝毫的自傲之情，而是老老实实地推荐了太仆寺少卿陈其凝，认为陈少卿为人朴实，办事干练，足以取代他的职务。

当然，乾隆皇帝是不会换掉张若霭的。他对这种低调谦和的态度还是比较欣赏的。于是，便时常传召张家父子进宫赴宴。

再见父子同席

皇家开宴，父子同席。在一般大臣眼里，是想也想不到的天恩。但在张家而言，已经可以平常视之了。

想当年，张英、张廷瓒父子同奉召至畅春园，同被康熙皇帝赐食，同得御笔书扇的赏赐，传为一时美谈。张英为此写了长诗纪念，张廷玉也在自己的《澄怀主人自定年谱》上重重记下了一笔。

如今，40年过去了，没人能想到，乾隆朝的皇家宴席会再现张家父子的身影。

乾隆三年（1738年）正月十六日，皇帝赐宴圆明园，并赏赐赴宴官员蟒缎、貂皮及康熙皇帝御批的《通鉴》。张廷玉、张廷瑑和张若霭都在其列。不仅有父子同席，而且有兄弟同席。

同年六月，乾隆皇帝召大学士与内廷翰林入圆明园泛舟，并赐茶果，张廷玉和张若霭又是父子同行。

乾隆四年（1739年）正月，皇帝召集王公大臣们在乾清宫赋诗，内中还有张廷玉父子。……

乾隆十一年（1746年）正月，张家父子再次奉命，前往重华宫领宴赋诗。

然而，以上种种，在张家人眼里，都比不上乾隆十一年八月的赐宴。

这一次的赐宴是在海晏河清之时；这一次的赐宴是在百谷蕃昌之际；这一次的赐宴乃是乾隆皇帝效仿康熙皇帝为慰劳臣子而设立。众人都明白，此次宴席的规模和级别绝对是过往难以比拟的。因此，张廷玉和张若霭不敢怠慢，恭敬地前往含元殿侍宴。

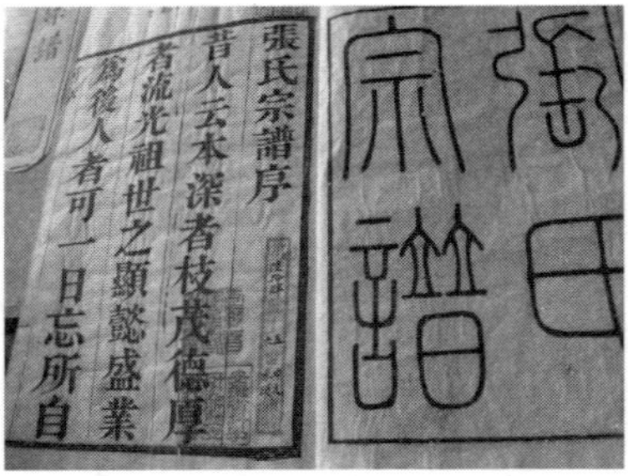

十五世张绍华纂修的《张氏宗谱》，光绪十六年(1890年)刻本

宴席中，乾隆皇帝亲作七言律诗四章，并令张廷玉和诗。张廷玉惊讶地看见，在第二章中，皇帝写道：“三世方明陪宴赏，从教佳话冠螭头。”同时写下注释：“大学士张廷玉之父，曾侍皇祖西苑宴赏，今与其子若霭共陪此会，亦盛事也。”

西苑便是畅春园。可见，当年张英父子同席的事，不只是张家人记得，乾隆皇帝也记得；不仅记得，而且认为张家父子同席，是预兆吉祥的盛事。

当75岁的张廷玉看到这个注解时，感到如何的雷轰电掣，旁人和后人已经无法得知了。但是，从这里可以看出，桐城张家的荣耀已经达到了极点。

俗话说，月满则亏，水满则溢。世家大族的盛极而衰本就是常道。

此宴过后不到三个月，张若霭就因病逝世，年仅34岁。而张廷玉也渐渐失宠于乾隆皇帝，甚至到了抄家的地步。

然而，张家恪守“忠厚留有余地步，和平养无限天机”的家训，在抄家事件中，竟无一人得祸，堪称官场奇迹。

荣华富贵，过眼云烟，叹红尘，有悲有喜有离散；岁月沧桑，峰回路转，看人间，几沉几浮几变迁。

张英家的故事，至此并没有结束。在张若霭之后，桐城张家还有三代进入翰林院。张氏后人依旧不改家风，秉承家训，续写着“敬慎谦和”的传奇。

参考文献

古籍类

[1]（明）翟善，等.诸司职掌[M].上海：上海古籍出版社，2002.

[2]（明）李东阳.大明会典[M].万有文库本.北京：中华书局，1988.

[3]（明）沈德符.万历野获编[M].北京：中华书局，1959.

[4]“中央研究院”历史语言研究所.明实录[M].校勘本.台北：“中央研究院”历史语言研究所，1962.

[5]（清）张廷玉，等.明史[M].北京：中华书局，1974.

[6]（清）夏燮.明通鉴[M].北京：中华书局，1959.

[7]（清）龙文彬.明会要[M].北京：中华书局，1956.

[8]（清）谷应泰.明史纪事本末[M].北京：中华书局，1977.

[9]清实录[M].北京：中华书局，1987.

[10]（清）赵尔巽，等.清史稿[M].北京：中华书局，1991.

[11]大清会典（康熙朝）[M].北京：中华书局，1991.

[12]（清）允祹，等.钦定大清会典[M].台北：台湾商务印书馆，1983.

[13]（清）福载，等.大清会典事例[M].台北：文海出版社，1970.

[14]（清）马其昶.桐城耆旧传[M].合肥：黄山书社，1990.

[15]（清）胡必选，等.（康熙）桐城县志[M].影印本.南京：江苏古籍出版社，1990.

[16]（清）廖大闻，等.（道光）续修桐城县志[M].影印本.南京：江苏古籍出版社，1990.

[17]（清）姚文然.姚端恪公文集[M].影印本.北京：北京出版社，1998.

[18]（清）张英.聪训斋语[M].清同治七年刻本.

[19]（清）张英.恒产琐言[M].清同治七年刻本.

[20]（清）张英.饭有十二合说[M].清同治七年刻本.

[21]（清）张英.笃素堂集抄[M].清光绪十七年刻本.

[22]（清）张廷玉.澄怀园语[M].清光绪六年刻本.

[23]葛虚存.清代名人轶事[M].太原：山西古籍出版社，1917.

著作类

[1]史凤仪.中国古代婚姻与家庭[M].武汉：湖北人民出版社，1987.

[2]赵园.明清之际士大夫研究[M].北京：北京大学出版社，1999.

[3]纪连海.历史上的父子宰相：张英　张廷玉[M].北京：中国民主法制出版社，2008.

论文类

[1]张晓蓓.清代婚姻制度研究[D].北京：中国政法大学，2003.

[2]雷炳炎.试说清代五等爵[J].文史知识，2007（3）.

[3]张杰.清代科举制度与传统政治文化[J].辽宁大学学报，2008（2）.